小小的改善

讓人生緩緩穿越痛苦
的100個法則

Hogen Natori

名取芳彦

小さな改善：
人生を「少しずつ良くする」100のヒント

悦知文化

慢慢改善人生的提示

「走投無路」，意指無法再往前進，有些人可能也會用「喘不過氣」或「生活困難」這樣的字眼來表達。有不少人會因為無法隨心所欲地生活，而覺得自己陷入困境之中，但這並不是最近才有的現象。有史以來，人們總是覺得自己所處的時代難以生存，而這是因為世界很難按照個人意願運轉。

童年時期學到的「只要努力學習，就會得到稱讚」的處世之道，或是大人說的「不要給別人添麻煩」等價值觀，出社會後往往不適用，因為社會注重的是結果，而非學習的過程。就算自認沒有給別人添麻煩，實際判斷的也是他人。既然環境改變，以往的做法不再奏效，也難免會因此感到生存困難。

從幼兒園到小學、國中、高中、專科學校或大學，再到公司，我們所處的環境每隔幾年就會發生變化。加上政治、經濟、流行趨勢等社會因素以及自然生態，周遭也不斷快速更迭，過去

的方法可能會失靈。若是堅持舊有做法，「前方無路可走」的標誌就會迫近，這是顯而易見的道理。

「諸行無常」是佛教用語，揭示了適用於普世的道理，亦即凡事皆因條件（緣）而變化，不可能保持同一狀態（常）。日常中，也有「盛極必衰」的概念，形容強盛繁榮的事物必然會失去力量而衰敗、有形之物必然會毀壞的負面含義。但是，這些道理本無好壞之分，之所以會認為其「惡」，是因為我們希望事物保持不變。無奈的是，不管如何求天求地，希望老天爺「保持現狀」、「照著我的想法進行」，願望都不會實現。

過去兩千五百年來，佛教接受了「一切皆無常」，並且不停地思索著要如何讓心靈平靜。不，不只是佛教，人類為了追求更輕鬆的生活、創造更容易生存的世界，一直在各種方法間試錯。有時藉由改變政治、社會等外部環境應對，如激進者可能會發動政變；有時則將其視為個人內心問題處理，如有人選擇出家，以尋求內心的平靜，也有人因為壓力影響到健康，進而選擇轉職、離婚或投身志工活動，變換人生的方向。

不過，其實也未必需要製造這麼大的契機。只要稍微調整思維方式，就能在走投無路、陷入困境之前，改變人生的軌道，看到不同的風景。

一個總是藉由與他人較勁來確認自身存在價值的人，如果意識到「在競賽中，第二名需要做的不是與第一名比較，而是提高

自己的成績」的話，因為他人而產生的壓力就會大大減少。

　　一個拚命地想要討人喜歡的人，如果意識到「不管怎麼表現，都不可能被所有人喜歡，要有被討厭的勇氣。與其讓大家喜歡你，不如試著去喜歡大家」，那麼眼前四面楚歌的狀況，就會出現一線生機。

　　換句話說，要調整思考角度，發現做法或想法的極限，進而停下腳步，稍做改善。

　　本書是依據佛教提倡的智慧撰寫而成，哪怕只是一些也好，希望能幫助大家解決日常生活中遇到的壓力。

　　讀完本書，並不會讓我們的生活方式發生一百八十度的轉變（若稍有不慎，那種內容可能會成為劇毒）。當然，也不會威脅你「如果不這麼做就會墮入地獄」。

　　這是一本我個人為了解決困境、舒緩壓力，慢慢改善生活，而一路實踐，並且現在也仍在持續練習的提示集。

　　如果有某些篇章能讓你產生「原來如此」的共鳴，或者讓你認同並付諸具體行動，身為作者，我將感到無比的喜悅。

名取芳彥

目錄　CONTENTS

第 1 章　從「停下腳步」開始的小小改善

第 2 章　與人往來更自在的小小改善

第 **3** 章　　讓工作更順利的小小改善

第4章　能享受人生變化的小小改善

第5章　體會當下幸福的小小改善

小小的改善

1

第 1 章

從「停下腳步」開始的小小改善

001

擁有時間充裕的早晨

　　有時，我們會看到居酒屋的店員或陶藝家身穿「作務衣」。「作務」指的是禪宗寺院裡的農作或清掃工作，而「作務衣」就是在勞動時所穿的工作服。

　　修行僧的一天行程，會隨著宗派及寺院而有所不同。我修行時，起床後的第一件事是清掃。剛起床就誦讀經文會傷喉嚨，因此清掃便是為了讓身體暖和起來的熱身運動。做完勤行、用完早餐後，就是修行的時間了。

　　從起床到進入修行，通常會花上一至一個半小時。也就是說，我們的身體和思維，通常要經過這麼一段時間，才有辦法正常運作。

　　在匆忙的日子裡，人們往往希望能多睡一分鐘，甚至一秒鐘。然而，因為不知何時會有人來參拜，因此寺院的本堂都要早早開放。賴床時，我父親就常念我：「你現在還不起床，這樣算是出家人嗎？」（這句話可以套入任何身分，男女、員工、主

管）然後順勢把我的被子拉開，因為他是靠意志力起床的（我就不夠堅定）。

人剛睡醒的時候，感性通常會比理性先運作，所以我是利用這段時間來喚醒我的心，而不是眼睛。例如：「喔，鳥兒很有朝氣地在叫呢。是在告訴同伴覓食的地方吧？」「天氣這麼好，應該會有不少路人抬起頭來看看天空吧？」「有卡車開過去的聲音。我才剛起床，那駕駛到底是幾點起床的呢？」這些問題，是為了讓心完全運轉而做的暖身。

另外，醒來後不要急著起床，先在被子裡稍微做個伸展操，舒展一下四肢，當作心靈和身體的預備運動，應該也不錯。若能留意到身體各個部位的狀態，想像關節愈來愈柔軟、肌肉愈來愈放鬆的話，效果會更好。

早晨的時間如果充裕，就能在一天生活的開頭立下一個里程碑，讓人能挽起袖子，充滿幹勁地說：「好，工作吧！」

因此，早上總是匆忙度過的人，不妨試著早點起床，告訴自己「現在不起床的話，我就不算是○○」，讓感性於一日之初啟動。 與其在「起床好累」或「想再多睡一會」的慵懶心態之間糾結，不如慢慢培養出「在一天開始之前，先感受內心情緒」的好習慣。

002

找到自己的「秘密基地」

　　我擔任住持的密藏院雖然位於東京，但是周圍依舊遍布著田地與溫室，檀家[1]也都是代代務農的人家。有位檀家的老奶奶就說過，下田翻土耕作，是她最幸福的時刻。

　　她種的這些菜不是為了在市場賣，但是茄子、小黃瓜、玉米和馬鈴薯的產量，卻多到足以分送給好幾十戶人家，規模根本就超乎了家庭菜園的範疇。她喜歡把種的菜送給別人，所以只要地空出來，就會繼續種下一輪作物。換句話說，她幾乎一整年都在菜園裡，享受種菜的樂趣。

　　我曾經在菜園旁和這位奶奶聊天，同時思考著「秘密基地」這個問題——此處所說的「秘密基地」，是指「能真正做自己的地方」。

　　無論是在家中還是公司，人難免會隱藏自己的本性。私底下的我們，有可能是個過度認真的人、超怕麻煩的人、渴望關注的人、自我中心的人、缺乏自信的人……但，在與他人相處時，我

們往往會隱藏、掩飾，甚至偽裝自己。因為本性要是暴露出來，就難以在社會上存活。

為了適應社會而產生的精神壓力，其實比我們意識到的還要沉重。而對那位檀家奶奶來說，能夠舒緩這份緊張的所在，就是她的菜園。

值得慶幸的是，我在密藏院也有堪稱為私人空間的地方，那就是住持室和本堂。這是我的安全港灣，只要待在那裡，就能夠不受干擾，保有原來的自己。「原來的自己」和「個性」雖然相似，不過，「個性」是刻意展現給外界看的；而「原來的自己」則是回歸初始的狀態。

要是在工作場所或家裡，都找不到一個可以獨處、回歸自我的空間，那麼，我建議大家尋找一個可以當作秘密基地的地方（並不是叫大家偷偷買一棟別墅）。像是找個時間坐在公園的長椅上喝咖啡，或者在通勤途中經過的橋上，找個地方靠著欄杆、欣賞河面的景色，都是不錯的選擇。甚至在辦公大樓林立的地方找尋可以午睡之處、打發時間的漫畫店，或卡拉OK都可以。

不妨認真想想，試著找到可以讓自己回復身心的秘密基地。

---

1 將家族墓園委託寺院供奉的人，也是寺院的資助者。

003

越是悶悶不樂，越要動起來

有時，人會毫無緣由地感到低落、鬱鬱寡歡。若想解決這個問題，最好的方法就是打掃。

佛教流傳著一個掃地掃到開悟的故事。周利槃特與兄長一同出家，但是他記憶力不好，連釋迦摩尼說過的話都記不住。於是，釋迦摩尼給了他一塊白布，並命令他打掃的時候要一心一意地持誦「掃塵除垢」。

當他看到那塊白布慢慢變髒時，便從中領悟到諸行無常的道理，明白貪婪、憤怒和愚昧，是心靈的塵埃和汙垢，因而了知真理，開悟得道。

據說他去世後埋葬的地方長出了蘘荷，因而有了「吃蘘荷會健忘」[2]這句諺語（眾說紛紜）。其實，蘘荷不僅可以當作佐料、讓人食慾大開，還能促進血液循環，帶來減肥效果，根本毫無任何讓人忘記事物的成分存在。「吃蘘荷會健忘」這種說法，就像是討厭蔬菜的人為了逃避吃菜，而用「一直吃菜的話，會跟兔子

一樣長出耳朵、眼睛變紅」這番話來推託，只不過是討厭蘘荷的人的藉口罷了。

而我也和周利槃特一樣，因為打掃而開悟了。**掃除不僅可以讓環境變得整潔，也會使心情跟著舒暢起來。**準備及清理的過程，或許會讓人感到煩躁，但完成之後，在物理和精神上的效果，應該沒有人感受不到吧？居住環境對我們的影響遠遠超乎想像，像是將脫下的鞋子整齊排好、起床之後整理床鋪等，這些小小舉動，也都能帶來同樣的效果。

若遇到不開心的事，我通常會去公園或海邊走走。或許是因為無邊無際的天空與心靈產生同步，頓時會覺得自己為了小事而糾結、煩惱，實在是太可笑了。想著想著，就能平靜許多。打掃後的乾淨空間，也可以讓心境出現變化，使原本沉重的心頓時開朗起來，鬱鬱寡歡在不知不覺中消失殆盡。

若是鬱悶到連打掃都不想做的話，那就看看滿是灰塵、垃圾，亂七八糟的地方。房間也好，陽台也罷，看著看著，就會想像它乾淨的模樣，心中那個小小的齒輪，也會開始轉動，問問自己「要不要把它打掃乾淨呢」。

---

2 原文「茗荷を食べると物忘れするようになる」。

004

別讓思緒在深夜翻滾

　　一早醒來，就拿起手機收訊息、看社群媒體、回信、按個「讚」；到了公司，就忙著處理工作的郵件、業務；回家之後，就開始玩遊戲。像這樣整天都在動腦思考的人，應該不少吧。

　　坦白說，我也是。看書時，若覺得「這樣的表達方式，下一本書應該用得到」，就會把書角摺起來。看綜藝節目時，若發現來賓頻頻往下看（而且還非常明顯），就會好奇「是不是大字報寫了什麼指示」。之後，又會因為想要知道「嗯？這個詞是怎麼來的」，而立刻上網找答案。了解大字報是「電視節目錄影現場的工作人員，為了提示幕前人員，所以特地把相關內容寫在大紙張或看板上」後，就覺得自己好像變聰明了一些。我們就像這樣，過著對外部資訊異常敏感，積極對其做出反應的生活。

　　很幸運地，我仍擁有在本堂誦經、打掃、遛狗等，不太需要用大腦思考的時間。不過有一天，我卻突然覺得自己「雖然頭腦本來就沒那麼靈光，但好像也是有點用腦過度」。於是我決定

了，晚上九點之後，不再寫稿或思考。也就是說，**我不在夜間積極做任何事，只把接收到的訊息放到心靈的置物籃裡，讓大腦能夠休息。**

對於不熬夜的人來說，夜晚是暫停活動、消除白天的疲勞，蓄勢待發迎接次日的時間。這是自然的運作，也有助於保持身心平衡。

日本的佛教信仰中，藥師如來是可以治療疾病的佛祖，不過我認為祂所象徵的，應該是「恢復平衡的力量」。快樂時笑、悲傷時哭，都是我們為了努力取得精神平衡所做的表現。也因為人的身體擁有療癒的能力，只要傷口結痂，就會自然痊癒。說不定連異常的氣候，也是地球為了取得大氣平衡所做。

因此，**要是能坦然將自己交給追求平衡的力量，日子也許就會變得更輕鬆。只要夜間讓大腦好好休息，身心就能保持平衡。**

今晚何不讓思緒沉澱片刻，好好休息一番呢？

005

再細嚼慢嚥一些

　　家庭式餐廳和速食店的優點之一，就是上餐速度快。對於已經習慣這種快速服務的人來說，別說是一道一道上的套餐或懷石料理了，就連老夫婦經營的小餐館，只要上菜速度稍慢，也可能會讓有些人感到不耐煩，不停地看時間，甚至忍不住想要催促「喂，還沒好嗎」。

　　出現這種狀況時，我們應該視為心中的警示黃燈在閃爍，並有意識地留意「慢活」及「慢食」的重要性。

　　「慢活」這個概念是從「慢食」衍生而來的，主張不追求速度，也不講求效率，而是以悠閒的步調享受人生。如果因為忙碌，而把「慢食」的定義單純理解成「悠閒享受美食」的話，人生恐會在奔波中度過，甚至就這樣匆匆踏上黃泉之路。

　　「慢食」是在一九八六年，為了對抗速食而被提出的概念，旨在重新檢視當地傳統飲食文化及食材。當時，有一家來自美國的漢堡連鎖店在羅馬的西班牙廣場開幕，之後連日大排長龍。為

了保護義大利的飲食文化，人們開始推行「慢食運動」。

　　東方所謂的「醫食同源」，意指維持健康與日常飲食關係密切，同根同源；「身土不二」則是指環境（包括自己居住的土地所生產的作物）與身體密不可分。日本也有「只要吃到半徑十二公里以內種植的蔬菜，就能保持健康」[3] 的說法，當季食物長久以來更一直受到人們的重視。

　　品嘗季節限定的美食和飲品，並不是因為受到店家的行銷策略誘惑，而是要享受「慢食」、進而達到「慢活」，以保持身心健康。務農的檀家習慣將剛採收的新鮮蔬菜獻給佛祖，這也讓順勢接收這些供品的我，對蔬果生長的季節特別敏銳。而這些食物，往往還充滿了「家鄉味」及「媽媽的味道」。

　　既然如此，大家何不每週特地挑幾種有「家鄉味」、「媽媽味道」的食物，享受「慢食」的樂趣，以當作「慢活」的入門手段呢？

---

3 原文「二里四方」。

006

對食物抱持敬意

一般認為，芥川龍之介的《蜘蛛之絲》[4]是為孩子所寫的。故事中墜入地獄的大惡人犍陀多，生前曾經放走他原本想要踩死的蜘蛛，因此，釋迦牟尼從極樂世界，為他放下了一條直達地獄的蜘蛛絲。而結局誠如大家所知，充滿了戲劇性。[5]

雖是童話，其影響力卻深遠無比，就連曾經把附近池塘的蝌蚪放在空罐子裡水煮、把鞭炮綁在蟬的身上讓牠們在空中爆炸的我，讀了《蜘蛛之絲》後，也開始學習珍惜生命了。

如今，每當我要打死停在手臂上準備吸血的蚊子，或者追殺躲在角落的蟑螂時，都不會認為牠們「活該」。動手時，還會向牠們道歉，並在本堂多獻上一柱香，祈求牠們早日脫離畜生道。

生命無分大小。殺生時不管抱持憎恨，還是滿懷歉意，都不會改變牠們因這雙手而失去生命的事實。但十年過後，認為「牠們活該」，不斷大開殺戒的人，與持續持香懺悔的人，品德應該會有很大的不同。

當我在小學的演講中談到生命時，總是會與孩子們分享以上這則故事。然而有天，當我在餐廳用完餐，向店家說了「謝謝你們的款待」並走出門後，突然感到無比震驚。

　　結完帳走出餐廳時所說的「謝謝款待」，是對下廚、提供餐點的人表達的謝意。我應該要在用完餐離開前，向為這頓飯犧牲的生命道聲感謝，但我卻沒有這麼做。吃飯前合掌說「我開動了」，用餐後卻沒有表示任何感恩之情，這豈不證明了我只會大放厥詞談論生命的偉大，實際上卻一無所知？

　　人類必須食用植物、肉或魚等其他生命才能存活。只要認真地對這樣的生命說「我開動了」或「謝謝款待」，就不會因殺生而遭到懲罰，相反地，**肯對生命表示敬意的人，絕對是一個值得敬佩的人**。

---

4 原書名《蜘蛛の糸》，一九一八年在雜誌《赤色鳥》（赤い鳥）上發表的佛經說理故事。

5 故事全貌：犍陀多在地獄中看到了一條從天上垂下的蜘蛛絲，認為只要爬上這條蛛絲就能離開地獄，於是抓住蛛絲開始往上爬。在上升的途中，他感到疲倦，低頭一看，赫然發現有許多罪人跟在他後面爬上來。犍陀多以為蛛絲會被拉斷，便向下喊道：「這根蛛絲是我的！」「誰讓你們上來的？」「下去！快下去！」就在這時，蛛絲在犍陀多的正上方斷裂，他再次掉回了地獄深處。釋迦牟尼眼睜睜地看著犍陀多因為冷酷無情地只知自救，而再次墜入地獄，一臉悲傷地離開了蓮花池。

007

忙碌是好事

「忙」由「心」和「亡」所組成。在處理該做的事時，或許會因為忙碌而失去反思之心，一再失敗，甚至沒有察覺到，自己與重要的家人之間已經產生了隔閡。不過，忙碌也未必都是壞事。本篇將為忙碌的人們送上應援。

要做的事情多是好事，因為忙碌的時候才是花開的時刻。所謂「小人閒居為不善」[6]，要是無事可做，就會忍不住說別人的壞話、被他人的評價牽著鼻子走，但人一忙起來，根本就沒有時間擔心這種無聊的事，這是生活忙碌的我的真實感想。

當朋友對我說「很少聽到你說別人壞話」時，我通常會立刻回答「我很忙的，哪有這種時間呀」。若有人問「你不在意別人對你有何評價嗎」，我則會說「需要全力以赴的事和想做的事全部一起來時，哪有時間擔心、等待別人的評價呢」。

任誰都會忍不住期待他人對自己做的事情有所回報，但這世界並不存在此規則，即使等待，也不會有所回應。主管請部屬吃

飯，想表達的並非只是感謝，還包含了「今後也要麻煩你幫忙」的意思。如果部屬沒有回報，請客的意義就會失去一半。

當志工的人，往往希望能以某種形式獲得感謝，但既是出自「自己的善意」，若期待他人以好評回應，豈不是違反本心？

我們總是會期待自己發布在社群媒體上的貼文能有人按「讚」，但別人也有別人的事，無法如願得到回應是很正常的。

其實，一忙起來，根本就沒有時間擔心那些無聊的事。所以說，忙碌未必都是壞事。

---

6 出自《禮記・大學》。

008

要擁有迅速察覺變化的感性

自二〇〇一年起，密藏院曾經連續五年在本堂舉辦一系列由村上正行先生主持的讀書會。他是在NHK及日本放送，已擔任廣播員及電台主持人超過五十年的資深人士。

這個讀書會的主題雖然是「說話技巧」，但真正讓大家學到的不如說是「生活方式」。例如「要隨時懷有『第一次』的雀躍心情」、「談話的目的是為了讓對方採取行動，若要達到這個目的，自己就要先敞開心扉」、「聆聽他人時，要全心全意地對話題表達興趣」……等等。

其中有一項是「擁有迅速察覺變化的感性」。村上先生說：「進入房間之後，一定要先注意到窗邊擺飾的花，並且稱讚：『哇，這花好美喔。』如果是在別人提醒之後才注意到的話，就代表你的感性非常遲鈍。」

聽到這番話之前，我不曾覺得平常盲目順從別人話語的自己感性遲鈍，也未曾因此反省。相對地，我反而會從旁人先察覺到

的事情，擴展出無數話題。例如「這些花最近經過了一番品種改良，現在已經有好幾百種了」，或者「詩人岸田衿子在〈花兒為何總是如此〉[7]這首詩中寫道：『花兒　為何總是　呈現出回答的形式呢』」，簡直就是一個只想炫耀理論和知識的傻子。

　　成為這樣的大人並不是我的夢想。沒有察覺到內人去美容院剪了十公分的頭髮，還被反問「你沒發現我哪裡不一樣嗎？」的話可不行。看到和菓子店裡的商品之後，才意識到梅花季節快來了、櫻花要盛開了、紫陽花要綻放了、萩花什麼時候開的話，就太遲了。

　　自此之後，我不斷努力地磨練著「迅速察覺變化的感性」。雨後的彩虹、隨著季節變換的雲、餐桌上以當季食材烹飪的料理、今天第一次坐到有冷氣的電車……要是等到別人提醒才發現的話，我就會笑笑地說「看來我還有待進步」，繼續努力練習。

　　有人說：「**幸福固然重要，但是懂得察覺幸福的心更重要。**」這樣的感性，可以透過村上先生所說的「**一注意到不同，就要立刻表達出來**」的生活方式加以磨練。

---

7 原詩名〈なぜ　花はいつも〉。岸田衿子（きしだ　えりこ，一九二九～二〇一一年），日本詩人、童話作家、翻譯家。

009

面對新環境的注意事項

　　從幼兒園到小學、國中、高中，我們會接連踏入新環境。雖然時間有長有短，但總能慢慢適應。然而搬家、工作、結婚、生產，甚至與伴侶分離等經歷，卻往往讓人感覺像是被送到另外一個世界去。若能提前知道面對變化的注意事項，當狀況來臨時，就能夠心平氣和地應對。

　　踏入新環境時，除了夢想和希望，不安與無助也會隨之而來。聽說認知症（失智）患者的病情會因為環境變化而加重，說不定就是因為不安而讓大腦感到混亂。

　　想減輕環境變化帶來的不安，最好的方法就是懷抱著既有的人事物。換個心情、更新用品固然不錯，不過寫慣的筆、用慣的杯子或垃圾桶，往往能成為令人安心的護身符。異動到新職場時，若能遇到原來的同事，也會帶來類似的安全感。這與很多人不願意丟掉從嬰兒時期就一直陪伴在旁、破舊不堪的玩偶，是一樣的道理。

除了物品之外，到各地氣氛雷同的寺院、神社、公園之類的地方走走，也是方法之一。所以只要人在異國，我都會抬頭望著月亮，想到這和我平常看的月亮是一樣的，心情就會平靜下來，思鄉的情緒也能得到療癒。

因為人事異動調到新的職場時，**首先要確認的是「什麼地方擺了什麼樣的物品」**，例如影印紙放在哪裡、辦公用品要去哪裡領取等等。以機器來比喻的話，就是初期設定。

為知曉權力平衡，剛開始最好保持低調，觀察誰比較受人尊敬、誰說話比較大聲、誰的笑話可以贏得滿堂采。這不僅是在新環境中的處事之道，更是為了保持心情平靜而收集的重要資訊。

千萬不要隨便批評前公司或舊同事。這麼做非但無法討好在新職場的同事，反而還會讓對方看出自己日後要是離開這家公司，一定也會向新職場的人說出對現在公司或同事的不滿。這樣的人，誰敢相信呢？所以，千萬別種下不信任的種子，這才是對自己最有利的選擇。

010

安排讓自己放空的時間

身為寺院住持的我過著必須自己找事做的生活，如果沒有特別的活動，就會「天天都是星期天」，宛如極樂。但我也並非一直都在發呆，反而困擾於要怎麼打發沒事做的時間。我經常出席葬禮，知道人生並不如想像中那麼長，何況想以僧侶身分做的事更是堆積如山。

然而，看到有些人總疲於奔命時，也會忍不住想，他們要是能夠放下一切，讓自己自由一些、生活平衡一點的話就好了。好比在自由式游泳比賽途中，突然轉身浮在水面上看著天空一樣，如果能找時間發呆的話，應該會過得比較輕鬆。

於是，我決定做個實驗，刻意安排一些時間讓自己放空。方法有兩種：第一種是閉上眼睛三分鐘，什麼事都不做。有研究指出，白天小睡十五分鐘，可以提高工作效率；而佔了大腦情報來源八成的視覺資訊，只要中斷三分鐘，人就能變得神清氣爽。雖然以結果論，休息可以提升效率，然而閉眼並非為了繼續工作，

而是為了讓過度運轉的大腦好好喘息。要是連泡泡麵的三分鐘，都無法閉目養神的話，就代表你的「生活」恐怕已與「人生」畫上等號，而這兩者應該是獨立不同的。

另一種方法，是在走路時只感受從五官接收到的資訊，其他一律不去多想，又稱為「步行禪」。例如，可以想著「有兩朵白色的花盛開了，正隨風搖曳呢」、「遠處傳來了飛機聲」、「有股咖哩香不知從哪飄來」等，但不要思考那是什麼花、飛機要飛往哪裡去、上一次吃咖哩是什麼時候。只要留心就會明白，自己其實一直都在動腦思考。

所以忙碌的人，不妨試著放鬆一下，調整生活的品質。**不管多閒，都不需要因為沒做事而感到內疚。**

011

切勿漠不關心

在〈要擁有迅速察覺變化的感性〉中我曾提到，資深播音員村上正行先生教導的不僅是說話的技巧，還有生活的智慧。他在主持節目時曾分享道：「談話中，每三分鐘出現一次『震撼、感動、共鳴或治癒（笑聲）』其中一項要素就好。」震撼可以是「原來如此」、「現在才知道」、「竟有這樣的事情」；感動可以是「內心悸動」、「好像打起精神了」、「實在是太棒了」；共鳴則是產生「我也這麼覺得」的感受，讓彼此相視而笑。

要在談話內容中每三分鐘加入一個上述要素，並非易事。但是，說出的話使人百聽不厭的人，確實都達成了這個條件，甚至也能讓自己對各種事物感到震撼、感動、共鳴，並且微笑以對。

村上先生在進入日本放送之前，曾經在NHK工作。當時的主管問他：「你每天早上花多少時間看報紙？」村上先生頗有自信地回答：「大約兩個小時，而且會從頭到尾看一遍。」萬萬沒想

到，他的主管竟然生氣地說：「你這樣不行，至少要花八個小時看報紙！」

　　村上先生解釋，即使是一篇小小的文章，也要好好思考文外之意。閱讀只有幾行的火災報導時，要想像著那裡頭住著什麼樣的人、那家人的工作會受到什麼樣的影響、鄰居情況如何、目前的處理方式為何等等。實際上，每天真的花八小時看報紙的話，就會沒有時間做其他事，主管的重點在於**要隨時保持好奇心**。

　　這番話讓我震撼不已，因為我從未想過感性竟然也需要培養與磨練。也正因村上先生長久以來都是這樣生活，他說的話才能如此深奧。經過了二十年，當下認同的心情依然深烙在心。

　　儘管無法與村上先生相提並論，但從那時起，我便開始**盡力在日常生活中注意「震撼、感動、共鳴、治癒」這四種感受，思考一些小事背後所隱藏的意義，以及它和周圍事物的相關性**。

012

試著談談「今天的感受」

　　「不管經濟有多不景氣，廣播電台，特別是播音部門，每年都會定期招聘新人。」這是村上先生在提及「磨練感性」及「保持新鮮感」的重要性時告訴我的。如果不每年招聘新人，部門或公司的氣氛就會變得沉悶，人心也是如此。針對這件事，他提出了相當具體的建議。

　　「**每天早上到公司後，先和隔壁的同事分享到公司路上發生的，令你印象深刻的一件事**。例如：『今天到車站後，發現經常遇見的店員阿姨不在，換了一位年輕的女孩子。可是她的態度很冷淡，還是以前那位阿姨比較好。』不管是多微不足道都好，聊一件早上你親自看到、聽到、聞到、嚐到，甚至是感受到的事。一、兩個禮拜後，坐在隔壁的同事，一定也會非常期待你今天要分享什麼。」

　　這個建議非常有趣。我每天在寺院遇到的第一個人通常不會一樣，也不容易預測對方的反應，因此十分有新鮮感。第一次聽

到蟬鳴的那一天，銀杏落下的那一天，呼出白色氣息的那一天，南風吹起的那一天……我希望自己能在電視或電台主持人聊到季節話題的前一週，就注意到這些小小的變化。

除此之外，闡述自己的感受時，要具體、明確地說出一個能想像的風景。舉例來說，「今天有白雲飄過，真的很美麗。」這句話有點籠統。「今天有一朵大到人可以坐在上面的雲飄過了。看著看著，我不禁想，搞不好孫悟空就坐在上面呢！」這樣的描述會更具體。同樣地，「今天很熱。」這句話太模糊，「熱到我快要變成一隻被曬乾的蜥蜴了！」才夠具體。

要是做不到的話，只嘟嚷抱怨「今天什麼都沒發生」的日子，就會愈來愈多。就讓我們慢慢訓練，試著與每天遇見的第一個人分享感受吧。

013

心情好壞操之在己

日本人在詢問對方心情如何時，會說「ご機嫌いかがですか」。這裡的「機嫌」，來自佛教用語中的「譏嫌」，意指責備或不滿。佛教團體並未從事生產工作，食衣住皆仰賴在家眾[8]的布施，因此一舉一動都小心翼翼，以免被世俗誹謗中傷，甚至有一條「息世譏嫌戒」[9]要遵守，為的就是盡量避免言行遭人誤解。

後來，「譏嫌」二字的寫法演變成「機嫌」，進而衍生出「上機嫌」與「不機嫌」等，用來表達心情好壞的詞。例如「ご機嫌ですね」表示對方心情很好，「ご機嫌伺い」則是關心對方一切是否安好。

於生活中遇到問題時，心情往往會變得不好。不悅的人在網路上發表的言論，像是攪拌冰淇淋汽水時產生的泡泡一樣，不斷地湧現，且數量似乎愈來愈多。鬱悶是因為「不如意」，而凡事一旦牽涉利益，無法如願的事（讓人易怒的原因）就會變多，這

是可以理解的。過去，人們可能會對一些微不足道的事情輕描淡寫，但是現在愈來愈多人會對小事過度反應，感到不悅。

因為自己不開心，於是怪東怪西，不停埋怨。這讓我想起「一根手指指別人，另外三根指自己」這句名言，如果責備或抱怨能改善情況，那還好說；但若只是一味地抱怨，而沒有採取具體行動，那麼事情非但不會好轉，還會讓旁人認為你是個動不動就心情不好的人。一旦被貼上這個標籤，說的話就不會有人想聽，更不會有人想待在你身旁，這是人之常情。

我若是不開心，通常會先考慮「要怎麼做才能擺脫情緒」，接著思考「如果再努力一點，情況會不會好轉」，這大約需要五秒鐘。為了消除不滿，也會考慮妥協。若是做不到，那就做好覺悟，接受現況。**心情是好是壞，其實只取決於自身。**

不過，順帶一提，**我從未想過永保愉快，只要不滿消失、內心平靜，那就足矣。**

---

8 指過著世俗家庭生活且自營生計的佛教徒，相對詞為以僧侶為主的出家眾。
9 指停止做出可能會遭受別人批評之事。

014

別妄自菲薄

　　來到寺院的長輩大多因病或諸多身體不便，而一臉寂寞與歉意，彷彿說著「我老了，沒用了」。感到寂寞，是因為「有所用處」的願望無法實現；滿懷歉意的表情，則是出生在昭和時代（一九二六～一九八九年）前半期的人的特徵之一。對於這時代的人來說，被指責「無恥」，比「懦夫、膽小鬼」更為屈辱；而被嘲笑「沒有用」，又比「無恥」更加侮蔑。因為助人對他們來說，是重要的美德。

　　「人」這個字的原意是互相扶持，在社會中，更是講求互助共融。昭和時代的人不僅認同並實踐著此道理，就連這些長輩的父母，也是為了有助於人、對社會（國家）有奉獻而努力生活（至於象形文字中的「人」是從側面看到站立者的說法，在這裡就不深入討論，因為我覺得字義的解釋比字源來得重要）。若以當今的詞彙來講，就是「社會貢獻」。然而，隨著年齡增長，以前助人的心力，已無法再維持下去。

就算是平成時代（一九八九～二〇一九年）或者令和時代（二〇一九年～）出生的人，恐怕也會因為只是一味地接受幫助，無法對他人有所貢獻，而感到自卑、沮喪。畢竟身在社會中，就得互相扶持，共同生活。

　　不過，即使認為自己沒有派上什麼用場，那也只不過是個人的感想而已。若以廣泛長遠的角度來看，我們一定在某方面有所貢獻。

　　即使因為住得遠而無法協助照顧孫子，但既然祖父母願意將自己四分之一的生命傳承給下一代，就得以使他們培養謙虛的心，了解到「生命其實不只屬於自己」。常常掛病號、住院，便能幫助醫院支付醫護人員的薪水，提升醫療技術。整日玩遊戲，能為遊戲公司貢獻營業額。就算是在監獄服刑，也能充當反面教材，警惕世人不走向歧途。

　　所以，千萬別陷入狹隘的觀點之中，認為自己毫無用處。

015

練習在告別時多說一句話

在密藏院舉辦講座「話說寺子屋」[10]時，我從講師村上正行先生那裡學到了很多。但是有個課題，即便已經過近三十年，我仍然在持續練習，那就是「在告別時多說一句話」。

村上先生如此說道：「告別的時候只說『再見』是不夠的。既然曾與對方共處於同一空間，度過一段時光，最後就要好好做個總結，在道別時再補上一句感受才行。例如，『再見，今天真的很開心。』『我走了，期待下次再見。』『謝謝你，今天真的學到很多。』等等。」

村上先生是日本放送的播音員，曾在平日的早上六點至七點主持《村上正行，早安六點》[11]這個節目，持續長達九年。節目剛開始時，為了與聽眾感受一樣的氣氛，他偶爾會離開廣播室，把麥克風放在公司走廊窗邊錄音，可見他是個富有人情味的人。

快進入尾聲時，村上先生則一定會告訴大家當天錄製過程中令他印象深刻的事。「那麼，祝大家有個愉快的一天。今天聽到很多享受梅雨季的方法，真是受益匪淺，所以我打算回家路上順便買一把高貴的雨傘。」「時間差不多了。不過話說回來，今天那位住在老街的太太投稿的信寫『鄰居家的狗鼻子乾了』，實在太療癒了。好啦，明天見囉！」雖然不是實際發生過的內容，但如果是村上先生的話，應該會這麼說吧。

　　有次，我為了和村上先生討論「話說寺子屋」的事，而致電給他。掛電話之前，我說：「那麼，就麻煩您了。大家都非常期待見到村上先生呢。」後來，村上先生來到密藏院時，他對我說道：「芳彥先生，您還記得上次掛電話之前，您對我說過『大家都非常期待』嗎？可以坦率地脫口說出那句話很棒耶。天哪，我那時候聽了真的很開心。」

　　那句話是我有意識地補上的。現在我還在努力練習，在「再見」、「辛苦了」、「下次見」之後，能自然地補上一句話。

10　「寺子屋」（てらこや），是日本江戶時代（一六〇三～一八六八年），由寺院中的老師教導孩子們讀寫及算數的民間設施（私塾）。「寺子屋」為關西地方的稱呼，關東地方則稱為「筆学所」（ひつがくしょ）或「幼童筆学所」（ようどうひつがくしょ）。

11　原文節目名《村上正行のお早よう6時です》。原文中記載村上正行主持此節目達十三年；然經查，節目第一期從一九七一年三月開始播放，至一九七八年三月止；第二期則從一九八〇年五月起，至一九八〇年八月止。

016

一天說一句讓人開心的話

在四十多歲的某一天快結束時，我突然想到：「今天我有說過什麼讓別人開心的話嗎？」回想起來，當時的我只在乎自己，對他人的事毫無關心。

據說人有四個願望：渴望被愛（被注意）、渴望被認同、渴望被稱讚、渴望有貢獻。若是沒有受到關注，就會覺得自己毫無存在感可言；付出要是無人認同，心情就會跌到谷底；沒有人稱讚自己，甚至還被批評「這種事誰都會」，就會惆悵失落；要是被人嫌棄「礙手礙腳」，就會非常自卑，覺得自己一無是處。但反過來，四個願望中只要有一項能實現，就會感到心滿意足。

幸運的是，我常受人喜愛、被人認同、得人讚揚，也常因有助於人而收到感謝。當檀家說：「想到往生後，住持會為我誦經，內心就格外踏實。」時，我不僅受到關注，還得到對方的認同、稱讚甚至依賴，心情可說是樂上雲霄。

在自己收到好評之餘，我們是否也曾對他人做同樣的事呢？生活在「互惠互利」的社會裡，給予他人好評，並非壞事。

只要保持感性，就會有許多機會去愛、認同、讚美，及感謝他人的幫助。看著對方的眼睛道「早安」，代表有注意到他；向對方說「這件事就交給你了」，表示認同他的能力；「這件衣服很適合你」是讚美；「幸好有你幫忙」則能表達出心意與感激。

若是我某天沒有說出任何讓人開心的話，睡前便會對妻子說：「走了之後，只要有妳來上香，我就可以瞑目了。」（雖然她聽了之後非常不悅，還一副「你在講什麼笑話」的表情。）

你今天有沒有鼓起勇氣說了哪些讓人開心的話呢？

017

當個善用時間的人

「暢飲時間從現在開始，總共兩小時。」聽到居酒屋的店員這麼說，頓時讓人感覺被時間追著跑，明明還沒乾杯，卻已開始焦慮不安。

若是和年輕朋友一起吃飯，我可能會捨棄這次聚餐；但若是和同年齡的朋友一起吃飯，我會選擇避開有時間限制的套餐或無限暢飲。套餐份量太多，未必能在時間內吃完；而如果有想喝的酒，就算單點也無妨。人活到六十歲，不是為了讓店員在吃飯或喝酒的時候告訴我們「用餐時間結束了」，匆匆忙忙地被趕出店家，我們也沒有悽慘到非如此度日不可。

每個人對時間的感受迥異。晚上八點時，有人會說「已經八點了」、有人則說「才八點呀」，兩者心境天懸地隔。前者是「已經八點，差不多該回家了」；後者則是「你在說什麼，才八點耶，夜晚正要開始」。

對同一時刻的看法，會因將其視為某件事的「結束」或「開始」，而有所差別。舉例來說，從「要工作到五點」或「五點就可以下班」兩種不同說法，便可看出自己對時間有何期待。這樣分類或許草率，但是會說「要工作到五點」的人，通常是被時間驅使的人；而說「五點就可以下班」的人，則通常是懂得利用時間的人。

　　佛教認為時間既沒有開始，也沒有結束（宇宙在大爆炸之前，是否有時間概念，至今仍是謎團）。但是，人在世界上的歲月是有限的。有限的歲月，和金錢一樣，是一種該思考如何善用的手段，而不是目的。**要是在不知不覺中，手段變成目的，被本應當作工具利用的「時間」與「金錢」驅使，人就會受其牽制。**

　　「現在開始計算用餐和暢飲時間。」和我一樣聽了這話會感到焦慮不安的人，或者在超市買東西時會特別注意限時特賣促銷宣傳的人，只要開始懷疑「自己似乎正被時間和金錢追著跑」，改善生活方式都為時不晚。

018

與流行和睦相處

　　有次與一位占卜師交談時，她自信滿滿地說：「名取先生，明年會流行白色喔。」據稱，不管是服飾或其他東西皆然。我聽了之後有點驚訝，問她怎麼知道，結果對方輕描淡寫地回答：「因為明年是兔年。」我倒抽一口氣，因為這種說法實在太荒謬了，還想起了童年時唱的接龍歌：「豆腐是白色的，白色是兔子，兔子會蹦蹦跳。」我告訴她：「也有很多兔子不是白色的。」但她卻一臉不悅地說：「只要提到兔子，就是白色。」

　　「可是干支的卯年和生肖的兔子，其實沒有關係。還有，要怎麼和那些不使用干支的國家解釋？對了，那蛇年會流行什麼顏色？」面對我提出的疑問，對方回覆：「欸，我是在講日本，而且占卜算是統計學。」感覺有點想逃開，而我也沒有個性差到繼續追著說「占卜不是一門學問」。

　　多虧了她，自此之後我不再相信占卜。雖然不信，占卜盛行卻是不可否認的事實。有位知名作家曾經說過：「流行就像是吹

在時代前端的風。」我不知道每一年的流行趨勢是由愛好動物的設計師，或者時尚界的幕後人士決定，但背後一定有個推手。

佛教透過「因果」與「因緣」的概念，向普世大眾闡述「萬物皆由眾多條件聚合而成」的道理。「今年的潮流」這個結果，便是當時社會、心理與經濟等眾多緣由匯集之下的產物。這也提醒我們，要懂得珍惜各種條件匯集之後所產生的「當下」。感受時代風潮，與流行並行，也是活在無可取代的「當下」。

然而，社會及經濟等外在條件瞬息萬變，流行趨勢更是日新月異，到了明年，又會不同。以年為單位的風潮，固然可以追隨；但有時這些趨勢，是以月甚至週為單位在更新。拼命追逐，只會讓人筋疲力盡。

在感受當下風潮的同時，也希望大家能探求真正的自我，保持內心平靜，不隨波逐流、盲目跟風。

019

不要一心二用

　　有份大腦研究指出，人在有點噪音的環境之下，反而更能集中精神。可以提高專注力的噪音，稱為「白噪音」，在咖啡廳埋頭工作、搭電車時在車上看書，應也是基於此原理。

　　我樂於享受孩子們玩耍的聲音，或妻子在廚房的切菜聲，因而十分贊同此研究結果。寫這篇稿子時的背景音樂，則是常聽的輕快外國歌曲。熟悉的聲音並不會干擾我集中精神做事，潺潺的溪流聲與淅淅的雨水聲被歸入白噪音的原因，想必也是如此。

　　然而，昭和時代曾將同時做兩件事的人稱為「一心二用族」。邊聽深夜廣播邊準備考試、邊吃飯邊看電視、邊走邊吃……那是一個視這些舉止為不知禮節，並敬而遠之的時代。

　　其中一個理由，就和諺語「目不能兩視而明」所言相同，人若是同時做兩件事情，不管是哪邊都無法專注。尤其在用餐時這麼做，會對為我們準備餐點、生產食材的人失禮。因此，只要看到有人在拉麵店或家庭式餐廳中，邊吃東西邊看漫畫或玩手機，

我就會忍不住在心裡問：「這樣真的有辦法品嘗食物的滋味嗎？不會對製作餐點的人太失禮嗎？」

這種情況也有例外，那就是得來速，或在旅遊景點、度假村及主題公園這種非日常的場所邊走邊吃。人們對此較為寬容，只要不造成困擾，通常都不會被排斥。

不過，邊走邊用手機非常危險。**因為此時人的注意力會鬆懈，無法觀察周遭。凡是會對他人造成傷害的一心二用，都不可行。**而我認為在電車或公車上化妝也不妥，因為這是出門前就該做好的事。可以在東搖西晃的車廂裡化妝的高超技術，固然令人讚嘆；但在大庭廣眾之下曝露自己散漫的生活習慣，不僅會遮掩技術的光芒，還會使人感到行為不雅。

順帶一提，有些長輩在打哈欠時會不自覺地放屁，這純粹是因為括約肌功能衰退。大家若是遇到這種情況，還請寬以待之。

020

委身於好的變化

「性相近也，習相遠也。」出自《論語》〈陽貨〉第十七，意指「人的天性並無太大的分歧，但在後天成長的過程中，會因學習與行為影響，使個體差異愈來愈大」。每個當下怎麼思考、如何行動，將大大影響我們的人生。

很多人在青春期時，都受困於「沒有人懂我」的想法中。有些人會把這種憤怒轉化成不良行為，希望藉此吸引注意，尋求認同；有些人則能意識到「我也沒有努力去了解他人」，而成為一個擁有同理心的人。

不管是誰，都難免會遭受批評。有些人會因為被否定或嘲笑，而感到怨懟，進而將怨氣轉嫁他人，在背後說別人壞話，或者企圖報復，想讓對方失敗。但也有些人能夠保持冷靜，體認到「愛批評的傢伙固然討厭，但是其實他說的也有理。而且這些內容都是寶貴的意見」，就事論事，將此視為成長的機會。

有些人若是發現情況改變，就會非常生氣地說：「你以前根本不是這樣講的！」或者大聲哭訴：「我們不是發誓要天長地久嗎？」或者感嘆：「臉上怎麼突然冒出這麼多皺紋？」也有人能體會到「諸行無常，與其感慨，不如好好享受變化」。若能秉持這個心態，面對變化時，便能冷靜詢問對方：「你以前好像不是這麼說的，發生了什麼事嗎？」聽到對方回答：「如果是那時候的我們，或許可以長相廝守。但我們已與過去不同了，雖然無奈，也只能斬斷情緣。」便能就此放手。或許還有人和我一樣，非常期待能說「臉上的皺紋多達三十二條，『四八三十二』」[12]這個冷笑話的一天。

　　不要陷入只知自我憐憫，卻無法解決事情的局面。要是發現情況失控，不妨再次確認自己的立足點。《論語》〈學而〉第八說：「過則勿憚改。」[13]就讓我們一步步攀上人生的階梯吧。

---

12 日語中，皺紋念作「しわ」，與四八的讀音相似。
13 犯錯了不要害怕改過。

小小的改善

2

第 2 章

與人往來更自在的

小小改善

021

適時「關掉」人際關係

藉由口頭宣傳的「蜂鳴營銷」（Buzz Marketing）存在已久。Buzz除了表示蜜蜂發出的嗡嗡聲之外，還有傳言四處散播的意思。在日文中，「バズる」（buzz-る）是形容某個話題在社群媒體一口氣「爆紅」，這個有趣的詞，就是從buzz衍生出來的。不過，一九五八年出生的我並未使用過就是了。

有時候我會假裝年輕，使用「オフる」（Off-る）這個流行詞（跟意指「二手貨」的「お古」[1]不同）。密藏院曾舉辦朗讀劇活動，某次排練結束後，有位年輕的男演員在戲弄一位負責音效的年輕女性。那位女性笑著回應：「你要是繼續這樣，我會在正式公演的時候，把你最好的台詞給砍掉（オフる）喔。」意思是要在他表演的關鍵時刻，關掉（off）他的麥克風。演員聽了一慌，趕緊雙手合十，低頭道歉。在一旁看著的我，聽到這對話，便喜歡上了她輕快說出的「オフる」一詞。

有些人害怕獨自一人，不喜歡被認為自己是孤立的，常因此感到不安，希望能和他人成為群體、有所連結，並渴盼在社群媒體上獲得「讚」，以滿足認同需求。因為討厭寂寞，所以總是保持（on）著社交關係，就像剛出生的小貓，會為了安全感而互相依偎，靠在一起睡覺；企鵝會緊緊圍成一圈，取暖防寒；小黑魚[2]呼籲小魚們組成一個大魚群，避免被捕食……等等。

　　但如果始終保持這種狀態，就永遠無法獨立。因為自私任性在群體中是不被允許的，但事事都迎合他人，卻又會因無法做想做的事，而飽受壓力。

　　在生活中，我們會得到許多夥伴的幫助，但是獨自站立、行走的能力也很重要。若要培養出這種能力，刻意安排一段「不與他人有所連結的時間」，或許會比較好。倘若這個說法太過強烈的話，那麼，**考慮暫時「關掉」（off）人際關係也可以**。

---

1 「オフる」、「お古」發音相同。
2 小黑魚，是李歐・李奧尼（Leo Lionni）於一九六三年撰繪的圖畫書《小黑魚》（Swimmy）中的主角，繁體中文版由上誼文化出版。

022

試著優先考量對方的情況

日常生活中，少不了與他人的衝突。這情況就像彼此正從河的兩岸同時走來，準備跨越同一座獨木橋一樣。如果衝突能夠引爆火花，我們肯定可以每天觀賞到世界上最壯觀的煙火。

約會中，問對方「想吃什麼」時，若得到「都可以」的答案，問題就由此發生。「中華料理？」「中華料理啊……」「是你說都可以呀！」「除了中華料理，什麼都可以……」「那吃印度菜吧？」「可是我昨天才吃咖哩。」「……」雖然這種情況比起衝突，更像是兩人意見沒有交集。

「你去做這個！」「等一下。」「為什麼現在不行？都有時間打遊戲了。」「但現在是關鍵時刻！」「我現在手上有一堆事，我想趕快處理。」像這樣，我們不管何時何地都可能與人衝突，爆出火花。

渡橋要撞到對方時，彼此心中的想法應該都是「我要先過」。但是，只需稍微思考一下就能發現，**世界上絕不能妥協的**

事情，其實沒那麼多。多數時候，只要優先考量對方的情況，就不會產生什麼大問題。

「中華料理和印度菜都不想吃的話，那你想吃什麼？」「大阪燒呢？」若是你在對方這麼回答時，想著「這只能當點心，不適合當作正餐」的話，再多點幾道小菜就好了。如果回答：「好，那就吃大阪燒。」能讓對方安心的話，那就退一步吧。如果對方正在玩遊戲，那就考量對方的情況，先擱下那件事，晚點再處理就好。

許多時候，只要暫時放下立場，事情就會變得簡單許多。當然，如果這麼做會給其他人帶來困擾的話，就要進一步溝通，試圖說服對方。但，若能藉此機會為自己的需求爭取更多籌碼，就能製造雙贏的局面。

接下來兩、三天，試著以對方的情況為優先考量吧。不要讓彼此之間爆出火花，而是要讓美麗的煙火，在心中緩緩升起。

023

不求所有人的認同與讚揚

　　有些人為了討好他人，會把別人看得比自己還重要。任誰都有渴望被認同、受到稱讚的社會需求，而自我認同、自我稱讚固然不錯，實際做來卻不容易。於是，為了滿足需求，我們往往會表現出一些讓他人有好感的言行。

　　有位教育評論家曾建議：「稱讚孩子時，盡量不要用『好孩子』、『乖孩子』之類的字眼。」因為被這樣稱讚的孩子，會為了成為別人眼中的「好孩子」，而開始去迎合他人，甚至隱藏真正的自己。所以，當孩子懂得「謝謝」時，我們只要說「有好好道謝，不錯呢」就好，而不用說「好孩子，知道要向別人道謝」。

　　我才恍然大悟，原來那些從小到大被稱為「好孩子」、「好人」的人，可能是因為想扮演好這個「角色」，而變得無法說「不」，為此必須過著壓抑的生活。

　　想要擺脫這種情況，就必須體認到一點：不論多麼優秀，都

未必能得到所有人的認同及讚揚。即使沒有被稱讚，也要培養出「我只要照自己的方式好好過日子就可以了」的自我肯定感。

受人喜歡可以讓生活更輕鬆是事實，但有些人並不是因為想被喜歡，而是不想被討厭，所以才迎合對方。這種情況下，配合他人的言行舉止背後，是出自害怕被討厭的心理。

大眾可能會覺得家庭暴力的受害者只要逃跑、離婚就好，但有些人卻會因為這種恐懼，而與加害者藕斷絲連，這想必是受害者缺乏自我意識的緣故。

那些以他人為中心思考、「喜歡被某人喜歡的自己」的人，應該要擺脫被「被喜歡或被討厭」控制的思維，以自己為中心生活。否則，就會像寄生蟲般，一直依賴著別人。

一點點也好，試著擁有被討厭的勇氣吧。

024

與家人保持「適可而止」的關係

　　家庭就像一團交織的線。因為交織，所以成為家人；解開了，就會四處分散。所謂「解開」，是指互不關心、聯絡，各自過著自己的生活。雖然有人說「沒消息就是好消息」，但又真能如此輕鬆以待嗎？

　　不用說，過度保護與依賴也不是好事，畢竟人無法長相廝守，終有一天要分離。這裡想說的，並非情侶分手或配偶離婚這類的「生離」，而是「死別」。或許各位不想深思這個問題，但確實有不少人因為失去了重要的人，而好幾年、甚至好幾十年，都無法從悲傷中走出。就算現在還很年輕、健康，也未必可以放心。身為常在葬禮上為往生者誦經的僧侶，我對此體會頗深。

　　有些人在關係中，會相當依賴對方，甚至苦苦哀求「不要丟下我」。有些人則喜歡被依賴，彷彿幼童的母親。家庭暴力的受害者，也完全無法擺脫這樣的關係。但我認為，在這種情況下，雙方應該都要意識到「即使對方不在身邊，我也活得下去」。

許多家庭或家族前來寺院祭祖時，會展現出彼此之間的親密關係，可能是靠著彼岸祭和盂蘭盆節等，每年四次的聚會[3]維繫的。這也可以理解成是為了不讓這團交織的線離散，因而於四季碰面、報告近況。

　　家人的關係還會隨著年齡增長變化。青春期的孩子不喜歡父母干涉，壯年時往往因公事繁多而忙碌不已，正在育兒的世代更是要優先考量孩子的日程。超過七十歲的人，建議每個月與家人聯絡一次；超過八十歲的人，則至少每週傳簡訊給家人報平安。

　　家人之間，應該要保持既不過度保護也不冷漠，「適可而止」的關係。這樣的關係，如果不好好經營，就會開始瓦解。

---

3 在日本，春分和秋分的前後三天稱作「彼岸祭」（お彼岸），類似臺灣的清明節，有掃墓習俗。盂蘭盆節（お盆）則是每年八月，外地遊子返鄉團聚，迎接祖先回家祀奉的日子。此處文章寫四次聚會，應該還要加上新年。

025

謊言有好壞之分

「噓も方便」這句日文慣用語，意指「善意謊言」，源自《法華經》〈比喻品〉中的「三車火宅喻」。「噓」指「謊言」，「方便」則為佛教用語，指「手段、方法」。這句的意思是「佛為了引導大家步上正軌，有時也會說謊充當權宜之計」。

三車火宅的故事是這樣的。某日，孩子們正玩得不亦樂乎時，家裡突然起火了。家外的父親著急地大喊：「著火了！」但孩子們卻不聽。於是，父親只好謊稱：「你們最喜歡的羊車、鹿車和牛車，都停在外面喔！」一聽到有自己最喜歡的車，孩子們立刻衝出家門，就這樣逃過一劫。事後，父親給了孩子們大白牛牽的牛車作為獎勵。

孩子們代表被瑣事困擾的我們，羊、鹿和牛象徵在佛法中因人而異的修行道路，大白牛車則比喻《法華經》的教義。

佛教以「真誠無偽」為本。我們之所以能在山河、星雲等大自然景色中找到慰藉，是因為那裡沒有謊言與虛偽，因此能夠

安心。而人的生老病死，也並無謊言和虛偽。既然誠實無偽的一生，被誠實無偽的大自然所包圍，當然就可以不必在乎小事，安然活下去，這是佛教的世界觀及人生觀。

反過來說，謊言虛假，皆不可取。佛教談及煩惱時，也特別譴責「妄語」。說謊是偽裝自己的行為，一旦如此，內心就無法安寧。既然是欺騙，當然也會失去他人信賴。因此，最好不要撒謊（但這並不表示一定要說出真相）。

依據我過去的慘痛經驗，**不要撒謊的意思是「不要做出會讓你不得不撒謊的事」**。三車火宅喻，是建立在「孩子們信任父親」基礎上的「善意謊言」。再次重申，為了贏得信任或謀求個人利益而說謊是不被允許的，請大家牢記在心。

026

爭執的主因是「小小的差異」

「刷一下浴缸喔！」「好。」距離這樣的對話，過去了一個小時。「浴缸怎麼還沒刷？」「要洗澡的時候再刷就好了呀！」「既然有時間打開電腦寫稿子，就有時間幫我刷，不是嗎？我已經一直站著做了一堆事了耶！」

雖然不能跟你說這是哪戶人家的對話，但是，因為一些微不足道的想法差異而產生的衝突，一天不知在全世界幾萬戶人家中上演著呢。

「你不打算重新整修浴室嗎？這麼小又舊。我最近睡不好，現在不是有那種又大又有按摩功能的浴缸嗎？」「我覺得現在很好呀。而且我們也沒錢。」「說得也是……夢想、夢想啦！」若是像這樣擴大談話內容，就不會發生爭吵了。

因為平時不常思考大問題，討論時便很難引起爭執。即使被問及「日本應該優先發展經濟還是文化」，頂多也只能回答

「嗯……我從來沒有想過這個問題」。**日常生活中最容易引起紛爭的，都是一些小小的差異。**

「拉麵應該吃醬油口味吧！」「才不是。鹽味才是正統。」「亂講，現在流行的是豚骨啦！」爭論就此開始升溫。「今年職棒誰會奪冠呢？」「日職？提到棒球，那當然是美國的大聯盟啊。等級不一樣啦！」「看來你們兩個都不懂。棒球當然要看青少棒啊。那種將金錢置之度外，全心投入比賽的姿態，才能真正打動人心呀！」球場之外的戰況，也相當激烈。

爭執背後的小小差異各自有理。浴缸是要早點刷，還是要洗澡前刷，每個人都有自己的習慣。最重要的是，**小差異並不會造成大問題。只要說句「算了」，暫時收起自己的論點、配合對方的主張，就能大幅減少無謂的爭執。**

何不將此牢記於心，並試著努力呢？只要好好練習，你就會發現，放下堅持其實不難。

027

將批評退還給對方

世上總有一些合不來的人。像我就不擅長與那些老是抱怨、批評，卻從不採取任何行動的人相處。儘管我與他們是生活在同一個地球、同一個時代的夥伴，仍希望盡量與對方保持距離。若在社群媒體上相遇，就會將其封鎖。

此外，我也不太擅長與那些批評我的人相處，因為這常常讓我覺得自己的人格被全盤否定了。就像「厭惡和尚，於是連袈裟也恨；憎惡雨，於是連雲也怨懟」，我不僅討厭批評自己的人，連批評的內容也無法接受。然而，隨著時間流逝，我才明白，有些批評的內容其實相當中肯。於是，我開始學會**將一直批評我的那些討厭的人，以及他們批評的事情分開視之**。方法其實不難，當作是喜歡的人在批評自己就好了。

若是不值一提的批評，我是不會接受的。釋迦牟尼遭人批評時，曾向對方說：「把包裹送給某人，但是對方沒有收下的話，這個包裹會是誰的呢？」「應該是寄送人的吧！」「沒錯。所以

我不接受你的批評，我要將它退還給你。」這是一個頗有啟發性的故事，教導我們在遭遇不足掛齒的批評時，該如何回應。最重要的，是怎麼面對那些自己無法原諒、憎恨無比的人。

不僅曾有人找我聊這件事，我自己以前也因遭受罄竹難書的惡行，導致心靈像達利[4]的畫一樣，被憎恨扭曲。在這種情況下，**只要同情對方，仇恨就會慢慢淡化**。

套句時代劇的台詞：「只會使他人痛苦的人，還真是可憐。被眾人厭惡、排斥，不被信任，孤獨無助。但這也是他們自食其果，罪有應得。明明有過無數次大好機會，可以選擇正道，卻因私利而錯失良機。」這並非代表我原諒了對方（很遺憾，我的心腸也沒那麼好），但是，透過憐憫，我反而得以擺脫仇恨束縛。

---

4 薩爾瓦多・達利（一九〇四～一九八九年），西班牙超現實主義畫家。

028

不要「擔心」，要「關心」

在你身邊，有讓你擔心到忍不住想問對方「還好嗎」的人嗎？如果是部屬，可能會擔心他是否能完成這項工作、會不會因為負擔過重而身心俱疲；如果是朋友，可能會擔心他說過想做的事情，現在不知進展如何；如果是家人，可能會擔心他的努力付出是否有成果，過得好不好？

擔心是為對方著想的表現，但也有非常棘手的一面。擔心的一方往往希望情況能「符合自己的期許」，也就是說，**因為情況與期待有落差，我們才會擔心**。然而，對方也有自己的想法，不可能事事如我們所願。即使滿懷善意，也未必能得到回應。

叮嚀別人「操勞過度會傷身」，是希望對方減少工作量，愛惜身體，注意健康。但是，非做不可的工作無法減量，你的擔憂亦難以消除。

提醒對方「老是說人壞話、抱怨連連，凡事只知批評的話，朋友會越來越少喔」，是擔心對方被排擠，這個道理大家都懂。但是，為了自保或忠於自我，也有非得這麼做不可的時候。

將自己心中的理想狀態，以擔心為由（硬是）加諸於他人身上，對方如果不回應、甚至不想回應，便惱羞成怒，丟下一句「我是在擔心你，你卻一點也不領情。算了，我不管了」，憤而離去。要是對方真的因為過勞而把身心搞垮，或因頻頻說他人壞話而被排擠，就以此認定自己的擔憂合乎情理，並責備「你看，我不是說了嗎？都是因為你不聽我的話」。

擔心往往是出於善意。對方若是一意孤行，難免無法釋懷。但不可否認，**這也是在將自己的理想強加於他人身上**。它像是一封回郵信，希望對方能順著自己的善意回覆。當我體認到這一點之後，就決定不再擔心，而**將心思放在不需回信的「關心」上，單純付出**。你也不要太擔心，試著關心就好。

029

勿強求結果和回報

　　「回報」這個詞，就像是利益計算的延伸，聽起來不是很順耳。然而，我們為了期待而努力，而「努力的結果」或「為了結果而付出的努力」中的「結果」，難免會與「回報」的定義畫上等號。為了提升業績而努力跑業務是好事，企業努力滿足客戶也理所當然，問題在於那之後。

　　常有人說「結果就是一切」，但佛教並不這樣認為。**就算無法得到預期的成果，「努力本身就有價值」。為了達成目標所走過的路、所使用的手段，終將成為你的血肉，化作邁向下一階段的助力。也就是說，努力會直接變成回報。**

　　可惜的是，我們所付出的努力，最終也可能只導向老、病和死。如果總只計較回報，那麼，老、病和死也是其中一種回報，會讓為了生存所付出的一切變得空虛。如果不能理解到這點，幫助他人時，就會變得棘手。

太太為了丈夫費盡心思煮了一桌好菜，丈夫若連一句「好吃」或「謝謝」都沒說的話，太太可能會忿忿不平，覺得「特地為你煮，卻一句謝謝也沒有」；先生賺的錢若被太太揮霍，應該也會憤慨萬千，心想「我工作那麼辛苦，妳花錢卻花得如此輕鬆」。

在生活中，不小心脫口說出「虧我還……」時，就是察覺「自己在渴望得到回報」的大好機會。

就算再擔心某人都得明白，對方也有自己的情況要考量，不會（或無法）及時回應再普通不過的。既然如此，何不就讓焦點轉移到自己身上，在努力的過程當中找到意義，不執著於「結果」和「回報」。

030

分清「親切」和「自我滿足」

在弱肉強食的世界裡，人類既沒有高超的運動能力，也沒有銳利的牙齒和爪子。之所以能存活至今，據說其因之一，就是「互助」（目前科學界仍無定論）。

幫助身處困境的人、與之共同生活，是一種「體貼精神」。佛教認為，這種體貼是源於「眾生平等」，也就是因察覺與他人的共同點而產生的（所以才有雙手合十的手勢）。與陌生人同處時，偶爾與之聊上一句共同話題，例如搭電梯時說「天氣變好了耶」，或者等公車時說「公車怎麼還不來」，想必都是為了拉近彼此的距離。

相反地，若是忽略彼此的相通之處，認為「你是你，我是我」的話，體貼之心就會變得稀薄。一個人離開了原本所屬的團體，與昔日夥伴的共同點就會消失，也不會再幫助彼此。

體貼、親切的人，總是能敏銳地察覺到自己與其他人一樣的地方。這可能是因共歷困境的同舟共濟、同為夢想奮鬥的惺惺相

惜，甚至同為地球村一員，承擔共同命運……只要稍微留意，就會發現相通之處不勝枚舉。

不過，「親切」的問題就在於它有種神奇的魅力，能使人確認存在的價值。我們常以為對他人付出是出於無私，但深究起來，往往也夾雜著自我認同的渴望。

想看清自己的善意是否可以真的幫助到對方，需要豐富的經驗。倘若經驗不足，就算自認只是舉手之勞，對對方來說，也有可能是多管閒事。

我經常重複這樣的錯誤，也時常看見別人犯錯。為了逃避責任，有時我們會自我安慰：「這點小事不用在意啦。很高興能幫上忙，這不過是我的自我滿足罷了。」

祖先們在幫助他人時，應該不會說出「自我滿足罷了」之類的無聊藉口，就只是單純想幫助同伴而已。我也希望自己能有那麼一天，可以不多做解釋，以最純粹的心情，實踐小小的善舉。

031

找出與對方的共同點

佛教的慈悲可以分為慈（給予快樂）與悲（消除痛苦），從不同面向詮釋「體貼」。

為什麼要給予他人快樂，或幫助別人解除痛苦呢？因為我們應當明白「眾生平等」，意識到自己和他人的共通點。例如你我都是某人的孩子；都在努力實現夢想，卻因進展不順而困擾不已；都要吃飯才能活下去；都希望能活出自我……察覺到這樣的共同點，就會成為慈悲的源頭。要是認為「你我不同」，仁慈、體貼的心，就無從萌生。有人對你不友善，亦是因為對方眼中所看見的僅有彼此的差異。

一旦發現共同點，就會想「你也是嗎？我也是耶」，產生共鳴。所謂朋友，想必就是彼此有共感的人。當然，並非所有事都能如此，但若能找到共同點的話，就能成為朋友。能擁有許多朋友及夥伴是好事，更是一件值得珍惜的事。

無奈的是，有些人卻會堅決地畫清界線，聲稱「你是你，我是我」。這樣的人大多非常固執，不為了配合他人而輕易妥協。不去留心共同點，自然也就無法培養出共鳴的能力。這有可能是因為孩提時期的想法沒有得到回應與共感的關係，既然沒有人願意了解自己，當然也不會想主動去了解他人。久而久之，「反正」成了他們的口頭禪，開始想「反正也沒人會幫我」。這樣的生活方式，其實非常笨拙。

　　如果覺得與親戚來往很麻煩、與同事聚餐很無聊，畏畏縮縮、想要逃避的話，希望你試著鼓起勇氣，讓自己的想法積極一些。不一定要認真參與討論，也不需堅持己見、要求對方接受，只要意識到「每個人都有自己的做法」這個共通點，與對方共感、尊重對方即可。能做到這件事的話，就算不刻意參與社交，身旁的朋友也會自然而然地增加。

032

遠離無謂的紛爭

有句至理名言說，人有三種做事方法：正確的方法、錯誤的方法，以及我的方法。

應該不會有人故意用錯誤的方法做事吧，但只要觀察便會發現，多數人不論被怎麼說，都只會堅持己見。若是用有點諷刺的口吻對朋友說「你做錯了」，通常會被反駁「但我就是覺得自己的方式沒錯，才這麼做的」。

的確，對錯要等到事後才能知道。不管是誰，剛開始都會以「我（自認為正確）的方法」來做事。既然每個人都有自己的方法，「我的做法比較正確」、「不，我的做法比較合理」之類的衝突，當然就會隨之出現。

例如受託買牛奶時，有人會挑選貨架最後面，感覺比較新鮮的那一瓶，也有人會拿最前面的一瓶，因為要是大家都拿後面的，那最前面的就會過期。有人認為最後一個洗澡的人把浴缸刷乾淨是常識，也有人認為災害隨時會發生，應該要將浴缸裡的水

留著才對。有人認為「喜歡就要說出口，不然沒有人會知道」，也有人主張「這種事情就算不說也看得出來吧」。

　　有些人不願撤回自己的做事方式，因為這樣感覺就像在認輸，但每種方法都有各自存在的理由。倘若不按自己的方式，也不會有太大問題的話，那麼，遠離無謂的紛爭，說不定也是明智的選擇。

　　一個優秀、成熟的大人，通常懂得勝利也接受失敗，能夠明得失、知進退。只知取勝，而不容失敗的人，只能一直身處於爭鬥最前線；總想著明哲保身的人，則剛好能將其操縱在手，善加利用。我們應該要學會，在想要採取與他人不同的做法時，將這種欲望悄悄藏在心底的技巧。

033

無須隨他人起舞

某座寺院的和尚像個超人，不僅熟悉法會和葬禮流程，還精通佛教儀式的布置及叩拜方式。文筆斐然，媲美文豪；口才出眾，說服力十足。不僅樂於傾聽，還能細心應對，給予支持。在地方上享有聲譽，家庭更是和睦美滿。

這樣的他，有一個缺點。那就是，有時會主張：「我都做這麼多了，其他師父也要這麼做，而且也應該都做得到。」

保持警戒、果敢面對各種問題，且不遺餘力地解決，有時反而讓周圍的人擔心，覺得「你不用這麼拚命吧」，往來上也會保持一定的距離。一旦感覺到身旁的人是這種態度，就更加努力地想展現成果，彷彿在向大家宣告「等著瞧吧」。再來，還會試著讓對方站上自己建立好的成就舞台，並說「你應該也可以吧」，對於不想隨自己起舞的人，則露出悲傷的表情。

有能力的人——不，應該說因努力而成功的人——往往會認為，其他人只要和自己一樣付出心血也做得到。雖然不想用「人

有天賦，而努力也是天賦之一」這樣的藉口來逃避，但，有些人確實因各種限制，而無法輕易實現目標。這些限制，有可能是地區、年齡、家庭結構、生長環境，甚至工作內容。即使條件相同，問題意識的強弱卻因人而異，解決問題的速度也快慢不一。因此，我們應該小心謹慎，千萬不要拿自己的優點與他人的缺點比較，進而變得傲慢。

　　希望自己成功的人，若試著模仿有能力的人，就有機會慢慢接近目標。此時，有能力的人應該要慷慨以待，主動伸出援手，幫助那些和自己一樣想要努力學習的人。沒有人會以怨報德，那些得到建議、受到幫助的人，應該會心存感激才是。

　　在某方面比別人出色的人，也要不時檢視自己，以免被他人譏笑「戴著天狗面具，表面風光，裡面卻漏洞百出」[5]。

---

5 原文「鼻高々の天狗のお面、裏から見たら穴だらけ」。意同「金玉其外，敗絮其中」。

034

站在對方立場，將心比心

即便生活平凡無奇，無功也無過，與人往來時，偶爾還是會彷彿脫軌的車輪，覺得渾身不對勁。

有位檀家擔心，故人的骨灰放在上釉的骨灰罈裡，萬一使得裡頭的濕氣無法排出，故人在另一個世界就會像溺水般喘不過氣，因此對我說：「在下次法事時，希望能夠將骨灰移到素燒的骨灰罈裡。」

現代人大多追求樸素、講究回歸自然，會將骨灰撒向大海或樹木。但仔細想想，無論骨灰罈有沒有上釉、材質是不是大理石，安置骨灰罈的墓地或靈骨塔，皆是地球（或宇宙）這片大自然的一部分。既然如此，何必多慮？不過聽見自稱靈媒的占卜師說「故人會受苦」，子孫也確實會不安。

不過，這位檀家在法事前又向我說：「住持，參加法事的親戚中，有人家裡是用上釉的骨灰罈來安葬骨灰。要是當天看到骨灰換罈而感到不安的話就不好了，所以法事時還是不換罈了。」

他能在堅信自己沒錯的過程中，突然意識到「這樣做好像有點不妥」而懷疑自己，實在難能可貴。這是一個站在對方立場考量後，有所覺察，進而避免讓他人不安的成功例子。

一位熟識的朋友也曾分享，她兒子想和離過婚的女性結婚。然而，戰時出生一代的傳統價值觀，卻讓小叔們不願接受此事，並將最後的決定權交給她。這位母親過去經歷了一段偉大的愛情，最後修成正果，可惜丈夫已經離世。

她向我透露了她做決定的過程。「我與心愛的丈夫結了婚。當我從兒子那裡聽說這件事時，心想：『如果我是他的話會怎麼做？』雖然對方離過婚，但既然是深愛的人，一定會想要與其共度一生。明白這點之後，我決定真心祝福他們，也在丈夫墓前報告了這件事。」這是一個發生在平成初期，卻仍能感受到昭和觀念根深蒂固的故事。經過了二十幾年，慶幸的是，他們的家庭關係至今融洽親密。

當有人對我們做了一件讓自己不舒服的事情，或者是自己明明為對方做了某事，但卻遲遲得不到回應，而忿忿不平時，不妨換位思考，想一想「如果我是他的話，會怎麼做」。這樣，那顆脫軌的心，應該就會重新回到正軌，恢復運轉。

035

面對失敗的方式

　　從小我們就開始學習如何避免失敗，以及從失敗中學以致用的方法。不管是課業還是生活，總是想努力搞清楚怎麼做比較好、那樣做行不通，進而朝成功和成就邁進。

　　但是，我們卻沒有學到應對失敗的方法。犯錯的時候，頂多知道「要道歉」，若是試圖搪塞或編造理由掩飾的話，就會被責備「既然你這張嘴可以說出藉口，為什麼不能道歉」。

　　我們根本不知如何應對失敗，更不願承認過失。有些人受到指責時只顧為自己開脫，甚至說「算了，反正說了你也不會懂」，結果讓自己顏面盡失。這段話聽起來在說別人，但實際上是在說我自己。實不相瞞，我是在五十歲過後才明白，處理過失的方法其實比想像中簡單許多，根本無須動搖或驚慌失措。

　　一，先道歉再說。二，告訴對方今後會努力改過，絕不再犯。三，以行動證明。就這麼簡單。

但是在這之前，必須先做好心理準備，就是「對方未必會原諒」。但這也不代表無法應對，所以不需太過擔心——獲得原諒的三個要素，與表達誠意時相同，就是「立即、特地、屢次」。馬上道歉是「立即」，就算對方人在遠處也要親自前往是「特地」，反覆表達歉意是「屢次」。

《論語》〈里仁〉提到：「過而不改，是謂過矣。」[6]只要觀察、分析一個人所犯的錯誤，就能了解他的品格和人格。我犯下的錯誤不勝其數，也促使我更加注意自己的言行舉止。

〈學而〉中，孔子又說：「過則勿憚改。」我們何不稍微鼓起勇氣，試著在犯了錯時，不在意他人的眼光或自尊，毫不猶豫地改過。

---

6 做錯了而不改正，才是真正的過錯。

036

善於傾聽的技巧是「理解」

我從未做過令人如此尷尬又不舒服的練習。

這是「傾聽」練習的前半部分。兩人坐在椅子上,其中一人向對方闡述最近發生的事情,時限三分鐘。

這段期間,聽者要坐在座位上,並完全忽視對方。不僅不能對視,更不能出聲附和,還要一直持續毫無意義的動作,例如重綁鞋帶、露出無聊的表情、打哈欠、轉脖子、做伸展操,或是拔鬍子(玩頭髮)。

漠視對方固然不容易,但處境更尷尬的是闡述者,要在完全被無視的情況下一直說話,且不管說什麼對方都不會回應,這需要相當強大的精神力,才能持續下去。是一個如同拷問,讓人不想再經歷第二次的練習。

三分鐘結束之後,下一個練習是要全力傾聽相同的話題;然後講者與聽者互換角色,並重複此過程。

這個練習能讓我們學習到傾聽的重要性，知道沒有好好聆聽對方的話，會對對方造成什麼樣的傷害，同時也能體會到對方認真聽我們說話時，心中會有多歡喜。

所以每當內人說：「你在聽我說話嗎？」或者是小女生氣地說：「在和別人說話的時候，不要把話題轉到自己身上！」時，我就會想起這個練習，並且盡量專心傾聽。

寺院通常會舉辦「與僧侶對話」之類的活動，而且攤位似乎越來越多。我曾經參加過幾次，發現許多人雖然聽過僧侶講道，卻從未與他們交談過（可能因為像我這樣老是把話題拉到自己身上的和尚太多了。若是如此，在這向大家道歉）。

現在當我在聽別人說話時，會盡量以理解對方的心情為首要任務，並且適時插入「是嗎？」「太好了！」「那一定很辛苦。」之類的回應。**只要表達有心理解就好，不需勉強認同，畢竟理解（understand）和同意（agree）是兩回事。**

今後的我，也會努力傾聽他人，讓對方覺得「和這個人交談很開心」。

037

停止怨恨及嫉妒

「嘆息是削弱人生的刨刀」[7]這句名句常見於講談[8]等表演藝術中。如果是在完成某事之後，因為放心而嘆息，那還無妨；但是，因事情不如己意而發出的嘆息，會如刨刀般削去豐厚人生的一層皮，讓它變得膚淺而只注重結果。因此，削弱人生般的嘆息，盡量不要脫口；可使心情放鬆的嘆息，則多多益善。

有些心態不僅會削弱豐富的人生，還會使其腐蝕敗壞。其中最首要的，是怨恨和嫉妒。

所謂怨恨，指的是自己的利益因為他人而受到影響時，對對方產生的憎恨之情。日文有句諺語說「人を呪わば、穴二つ」（或「人を恨めば、穴二つ」），意思是「咒殺他人，終究會導致自食其果，與對方雙雙進入墓穴」。傷害他人，自己也會招致報應。

人的惡言惡行就好比一把迴力鏢，丟出去一定會打到自己。若是對某人懷恨在心、想要報復，就會被那些惡言惡行所反噬，

漸漸腐蝕。**若是蒙受損害，就在其他地方尋求更大的利益吧。至於對方，就讓他自生自滅。**或許可憐，但也無可奈何。因為真正的同情是放手，而非原諒。

而嫉妒，則是指雖然承認對方優秀，但卻希望他失敗、想要拖累他的心態。這種情緒曾讓我糾結不已，但是現在找到了應對方法，受煎熬的次數也大幅減少。

那方法其實出奇簡單。**嫉妒的起點是「羨慕」。羨慕代表自己也想成為那樣的人，既然如此，努力就好。**只知羨慕而不努力的話，就會慢慢轉變成嫉妒。而面對年齡差距這樣再怎麼努力也無法改變的事，也要停止嫉妒。真誠稱讚那些比我們更優秀的人，懷抱寬闊的胸襟，像為自己開心般，也為別人的喜悅及收穫感到高興。

---

7 原文「ため息は人生を削るカンナと言う」。
8 講談（こうだん），日本傳統表演藝術之一，類似說書，並會使用扇子等小道具進行表演。

038

聚會時，不說無關的話

聚會時，難免會有人無法融入當下氛圍。有些人跟不上話題，有些人則根本對話題不感興趣；有些人沒有自己的意見，有些人則認為保持沉默才是最好的選擇，於是不努力融入。

既然有緣能處於同一個時空，難免希望每個人都能留下「收穫滿滿」、「相當開心」等美好回憶。因此參加聚會之前，不妨稍加留意，**事先確認這次聚會的共同目的是什麼，並將之稍稍放在心上。**

為了某事開會的話，就不要忘記「那件事是召開會議的目的」。在會議中盡吹牛皮，提些毫無關連的豐功偉業，都是徒勞。慶功宴就是為了慰勞及反省，分享其他成員不知道的祕辛，或讚美及感謝彼此。久別重逢的輕鬆聚會，通常是為了聊聊往事，並關心彼此的近況，例如「現在在忙什麼」、「今後有何打算」。若脫口說出與此無關的話題，場面就會變得尷尬。

反過來，發言只要與聚會目的有關即可，所以也不用擔心自己無話可說。話題就像雨滴落在水面形成的漣漪，會慢慢擴散開來，而我們只要和玩多人跳繩一樣，在適當時機加入就可以了。

參加聚會的人數如果較多，那就盡量營造一個讓身旁的人都能說上一句的氣氛（海明威說過，參與話題的理想上限人數是八人）。若能提前留心這些細節，專注在關心他人，而非試圖表現自己，聚會就會變得更加有趣。

「親不越禮，近有分寸」，我們應該謹言慎行、避免失禮，對上司及長輩，更要遵守基本的禮節。有位主辦聚會的前輩，曾在開場致詞時說：「今天是一個不分身分地位，盡情同樂的日子，但請記得保持分寸。」大家聽到這句話，笑了的同時，心中也有所警惕。而那次的聚會辦得非常成功，留下了美好的回憶。

039

挑戰極限，但不逞強

　　有些人做事乾脆俐落，會被說成「能幹的男人」、「能幹的女人」。不過，我從未聽過「能幹的和尚」這種話，可見僧侶的價值不在「有無能力」的衡量範疇之內。

　　那些能幹的人，大多是靠自己克服困難，一路走到現在。當他們回顧過往，往往會期許別人也能和自己付出相同的努力、達成類似的成果。要是別人做不到，可能還會不容分說地施加壓力，質問：「為什麼辦不到？既然我能做到，你應該也可以。」

　　然而，許多人就是做不到。不管事業有所成就的人多麼強調努力的重要性，告訴大家要有「1%的靈感與99%的努力」，或反過來說「如果有1%的靈感，就不需白費99%的努力」，都總會有人基於某種因素而無法努力，也可能根本毫無靈感可言。因為自己能做到，所以認為別人也該做得到的話，就大錯特錯了。若是不能了解這一點，獨自氣憤於「為什麼不做」，而輕視那些做不到的人的話，那就太傲慢了。

有些人會憧憬有能力的人，拜其為師。等到那時，再將自身經歷按部就班傳授。在此之前，只要按照自己的步調前進就好。當然，就算教了，對方也未必一學就會，千萬不要傻到因為「我都這麼辛苦地教，你卻學不會」而失望。

　　上面提到的是對他人要求過高的情況，卻也適用於自身——我們不應對自己要求過高。我的另一個座右銘，也是自創的名言：「挑戰極限，但不逞強。」

　　稍微超過能力極限的事，就像適度的負荷，可以在訓練過程中慢慢加強重量，以更接近目標。而逞強則像是沒有熱身就開始胡亂跳躍，是容易受傷的魯莽行為。對自己或他人太過苛求，屬於不切實際、過於「逞強」的範疇。

　　然而，「極限」與「逞強」的差別，只有親身受傷時才能深刻明白。也許有些可惜，但是人生有充裕的時間，足以讓我們理解到兩者的差異。

小小的改善

3

第 1 章

讓工作更順利的

小小改善

040

思考「工作背後的理由」

　　昭和世代父母的子女之中，有些會以雙親的生活方式為榜樣。認真工作、背負數十年貸款只為買間小小的房子、扶養家人，週日不忘互相陪伴。這樣的生活方式，對孩子來說，確實再理想不過。

　　而子女們也知道，為了實現這樣的生活，父母必須在這個競爭激烈的社會存活下來，走上事業成功的道路。出人頭地之後，責任會隨之加重，不過經濟也會更加穩定。只要獲得升遷，就能漸漸按照自己的意願行事，亦即自我實現的空間擴大了。因自身的經歷和成就而得到周遭的認可，尊重需求也因此大大被滿足。

　　父母應該不會如此深入分析自己的感受，說不定只認為：「寧為雞首，不為牛後[1]，無法出人頭地豈不可恥？」意志與面子，想必是他們生活的最大動力。不過，既然出人頭地可以同時滿足經濟穩定、自我實現以及尊重需求，也確實相當值得將其設定為人生目標。

另一角度，落語[2]的長屋故事[3]曾經出現一句有趣的台詞：「我不想經歷出人頭地這種不幸的事。」這是在長屋中悠閒度日的熊五郎和八五郎的心聲。觀眾聽到時，也因聯想到出人頭地背後的代價，而會心一笑。

一旦飛黃騰達，就可能因為工作而經常不在家，落語中的長屋居民不喜因事業有成，而犧牲與家人及鄰里共度的和睦時光。「唉呀，熊五郎，我的梯子壞了，幫我修一下吧！」「八五郎夫人醃的醬菜就是那麼好吃。」他們只想像這樣坦然生活，不願為了晉升而委屈討好上司及客戶。

盲目追求升官發財的時代已經過去了。**我們應該將人生目標解構成「經濟穩定」、「自我實現」及「尊重需求」，列出達成這些需求背後的代價，每年挑個時間重新思考自己的選擇。這樣才能懷著小小的覺悟，一年又一年地過著悠然自得、踏實前進的生活。**

---

1 原文「口となるも牛後となるなかれ」。
2 落語（らくご），日本傳統表演藝術之一，由落語家坐在舞台上，一人分飾多角，講述滑稽的百姓日常故事。由於最後一定會「抖落包袱」，因此稱為落語。
3 長屋是江戶時代因人口激增而大量出現的建築形式，一連串狹長型的房屋並排，因此稱為長屋。

041

停下來，
說不定會開啟新的道路

有位年長的女士為了下一代，開始著眼於永續問題，經常出席有機食農、電動車推廣以及廢除核電等講座，慢慢地培養了環保意識，最後甚至開始參加示威遊行。

她生性純潔認真，從不半途而廢，總是用心關照他人。只要參加示威活動，就會連別人的瓶裝水都準備好，並在百元店買來的帽子及扇子貼上剪好的標語，分送給參加者。

不過，由於她整個夏天持續參加遊行，導致健康惡化到不得不入院治療。醫生警告她：「要是再繼續去示威的話，我就無法保證妳的生命安全了。」

處世態度認真的她，卻堅信一旦開始，就不應該半途而廢。何況這麼做不只是為了自己，也是為了下一代，這樣的念頭，讓她更加無法放棄。

住院打了點滴，體力終於恢復的她來到寺院，講述整個事情的經過。她將離開前，我送她一張明信片，上頭寫著：「有時重

要的不是開始或持續，而是結束。」她看到時，臉上的悲傷與不甘，我至今仍難以忘卻。

一個月後，她再次來到寺院，釋懷地對我說：「住持，我了解了我只能做到這個地步，也知道如果再繼續下去，只會給周圍的人帶來麻煩。所以我下定決心，要把這個重責大任交給其他人。」而我只簡單回答：「是嗎。」

有些人有著強烈的責任感，總認為一旦開始某件事，就必須堅持到底。像她這樣即使身心俱疲也不肯放棄的人，也不在少數。但是，**這種自我折磨式的努力，並非必要。我們應該要根據自身及周圍的情況做出判斷，鼓起勇氣，在適當時機選擇退場或交棒。**若是陷入困境，將責任交付他人，以減少對大家的傷害，也是一個選擇。

042

談笑能讓職場變得愉快

「釋迦牟尼有開過玩笑嗎？」是我多年以來的疑問。就算遍讀經書，也找不到任何「開玩笑的！」或「騙你的啦！」之類的字眼。某次，我在宗派的辦公室中，遇見一位同為佛教學者的老僧。既然機會難得，當然不能輕易放過。

「師父，有事想向您請教。」

「是你啊。我不想回答你的問題，因為你會把我們花了五年研究的事，在三分鐘內通通告訴大家。」

「師父，您的度量不應該這麼小。烤鰻魚的時候需要插著籤子，但吃的時候得拔掉，對吧？負責研究的師父您，就是燒烤佛經時串上的籤子，而我則負責思考該怎麼讓普世大眾細細品味佛經才好。」

「就是因為你淨說這種話，我才不想回答你的問題。算了，你要問什麼？」

「釋迦牟尼或日本佛教的祖師們，曾開過玩笑嗎？」

「當然開過。你想想看，不開玩笑的人會有那麼多人追隨嗎？當然，弟子們是不會把玩笑記錄下來的，因為沒有人知道後世會對這番話產生什麼樣的誤解。」

「不開玩笑的人不會有人追隨」，為人處事不要太過一板一眼，心有餘裕、可以談天說笑，才會受到大家擁戴。雖然不知道「真理存於談笑之中」這句話是誰說的，但像「人死之前都會活著」、「未來沒有一天比今天年輕」之類看似輕鬆的玩笑話中，卻隱含深刻道理，能慢慢滲入人心，悄悄發揮影響力。

倘若在職場上遇見不愉快的事，我會努力用幽默來改變氣氛。例如在自己的桌上寫下「人不聽話是有理由的」，或是「大人物一擺架子，就不好笑了」等，讓人看了忍不住會心一笑的字句。**因為笑容，是讓沉悶的工作氣氛變得愉悅的神奇良藥。**

043

尋找屬於自己的休息方式

黑心企業的過勞問題，就像星火燎原一般，已成為社會問題而受到重視。為此，日本在實行「工作方式改革」之後，推出了「休假方式改革」政策，以解決休假率低於世界標準的問題。

厚生勞動省[4]的網站洋洋灑灑地列出了五大措施，包括鼓勵申請年度特休、改善加班補助金、普及工作間隔制度、設置改善工作方式及休假方式的諮詢顧問，以及推廣遠距工作。除此之外，還有尚未被明確分類，不過應屬於休假改革範疇之內的超值星期五（Premium Friday）[5]及增加國定假日等政策。

工作量沒有改變，卻被要求不要加班、好好休假，其實還挺強人所難的。目前唯一可行的方法，就是提高工作效率。不過，人類不管面對什麼樣的難關，最後總能發揮智慧，讓問題迎刃而解；在這之前，或許就只能忍受、抱怨、疲憊不堪，或被貼上懶惰的標籤。

既然政府在努力增加勞工的休假時間，我們就該好好思考如何善用這些假日，放鬆在日常工作中疲憊不已的身心。

　　每個人療癒的方式不同，有些人會享受美食或補眠，也有人選擇散步、做瑜伽、按摩、泡溫泉、去大眾浴池，以消除疲勞。有些人不以恢復體力為最優先，而是選擇與志同道合的朋友一起喝酒聊天以重振精神。也有些人透過接觸大自然、飼養動植物，與真誠無偽的自我共鳴。

　　假日是空閒的時間，當然可以根據喜好，自由安排。**我們不妨善用逐漸增加的假期，嘗試各種事物，尋找適合自己的放鬆方式。**若是不知該怎麼安排，向他人請教也不失為一個好方法。

---

4 日本中央省廳之一，相當於他國福利部、衛生部及勞動部的綜合體。
5 每個月的最後一個週五，讓員工提前於三點下班，以提振國內消費。

044

試著「模仿」憧憬的人

我是僧侶，對於其他宗教不太熟悉，不過我想應該不會有基督教和伊斯蘭教的信徒想要成為上帝、耶穌基督或穆罕默德。然而，佛教卻是為了想成佛的人而生。「佛（ホトケ）」並不是指不需生活與進食的死者[6]，而是無論何時何地，心境永遠平和的人（這是我個人的領悟）。

我也希望自己有朝一日能成為佛陀那般平靜的人。對我來說，佛陀是令人嚮往的存在，也是努力追求的目標。而人只要擁有目標，就可以堅定地走上自己的道路。

密教是佛教後期的教派，可說毫無疏漏地涵蓋了先前所有教義（我是密教真言宗的僧侶，立場可能會有所偏頗，還請見諒並繼續詳讀）。這樣的密教認為，若想成佛，就要從身、口、心三方面來模仿佛陀。

不論遇見什麼事情，都能保持平和的佛陀，此時會怎麼辦、怎麼說、怎麼想？認真一點的話，還要以手結印、口念真言、心想佛陀，能做到便可成佛。

因此，我在面對、思考問題時，基本上都會採取這種方式應對──如果是佛陀，在打招呼時會笑容滿面地說「早安」；如果是佛陀，吃麵的時候不會把手肘撐在桌上看漫畫；如果是佛陀，失敗或給別人造成困擾時，會先向對方道歉，而不是找藉口或辯解……

在現實生活中，恐怕很難遇到和佛陀一樣完美，各方面都令人嚮往的人。不過，我們可以從不同人身上挑選某些令人憧憬的特質，將之放上心靈的舞台，並將鎂光燈打在想要模仿的部分上：喜歡這個人的這個地方，還有那個人的那個地方……如此一來，就可以讓自己追求的目標更加明確。

---

6 日文以片假名標示「ホトケ」時，指的是死者，類似中文稱之「菩薩」、「成佛」。

045

不因「困難」而生厭

不願努力或動腦克服難關，只想挑選輕鬆簡單道路的人，叫做「捨難從易」或「喜往安逸」。往輕鬆的路走，就無法培養堅持和創新的能耐，也無法鍛鍊實力及底蘊。

內人若會晚歸，都會問我：「今晚只有你一個人在，要先幫你做好晚餐嗎？」我會回答：「沒關係，我可以自己處理。」此時，若因為懶得煮，而到便利商店隨便買個便當吃的話，就無法利用冰箱裡的食材來磨練廚藝了。

出於興趣開始學習某事後，往往會發現「看」、「聽」與「實踐」有著天壤之別，覺得「沒想到竟然會這麼難」。在聽了初學者的辛苦歷程之後，要是有人邀請我們試試看，也可能會因為「好像很難，還是算了」而婉拒。在這種情況之下，最常聽到的一句話就是「就是因為難才不會厭倦」。

好比小孩子對新玩具很快失去興趣，將目光轉向其他玩具一

樣，太簡單的事往往一下子就讓人生厭。玩劍玉只用大皿接，陀螺只放在地面轉，這些都太簡單，容易讓人提不起勁。

然而，持之以恆就是力量。而堅持的關鍵，在於樂趣和挑戰。「樂趣」並非僅靠有趣的事獲得，而是做什麼都要樂在其中。若是喜往安逸，會了就不做、無聊就放棄的話，便無法培養能讓事物更加有趣的「創造力」。

在玩劍玉時，先用大皿接，接著是中皿、小皿，再以劍尖刺中球，然後將球拿在手上，試著以球接住大皿……努力完成一系列花樣的話，就不會感到厭倦。玩陀螺的時候也是一樣，試著將其放在手掌上旋轉，或者挑戰走繩索。

嘗試困難的事不僅能開拓我們的視野，使其更加遼闊深邃，還能培養自身實力。換句話說，樂趣和困難是一體兩面的。

「難才有趣」、「難才不會膩」，不管工作還是人生，通通適用。喜往安逸的人，無法體會這句話的真諦。不必害怕困難，就像「俄羅斯方塊」破關之後會出現煙火一樣，**困難的另一端，有一個遠遠超乎想像的有趣世界在等著你。**

如何？要不要再挑戰一次曾半途而廢的事情看看呢？

046

養成「以讚美畫下句點」的習慣

聽說人會記住最後聽到的話。

有時僧侶會出席電視新聞及綜藝節目。他們通常帶著純粹的心情，希望平常被忽略的寺院以及佛教思想能被大眾了解。然而，當介紹僧侶如何在寺院及社會中奮鬥的三分鐘短片播放完畢之後，攝影棚裡的評論家往往會說：「嗯……看來這位僧侶很拚命，不過開名車的僧侶似乎也不少。」語畢，隨即進入廣告。結果留在觀眾腦海裡的，只剩下一個以好車代步的和尚形象。

所謂「劣幣驅逐良幣」，立場強烈或刺耳的話語，往往會在人們心中留下深刻的印象。那些評論家非常了解這一點，才會說出「我不會被騙」、「我腦袋很清楚」之類的話，藉此爭取下一份工作機會。當然，一般人做不到這樣，所以評論家在背後應該也付出了不少努力才是。

人有一個習慣，就是會「把真正想說的話留到最後說」。例如在餐廳品嚐美食之後，離去時悄悄說：「不過，這家餐廳還真

是不便宜呀。」意思是這家餐廳太昂貴了。「雖然那傢伙說話直接，不過該做的事都做了。」是認同那人說到做到，所以能理解他說話直白，並且覺得無可厚非。

若能善用這個習慣，就能找到觸動人心的責備方式——**即使勉強，最後也要用讚美的話語收尾。**

「為什麼做不到呢？明明你有那個能力。」對方聽了之後會更有幹勁。但順序若是顛倒成：「你明明有能力，為什麼這樣也做不到？」的話，對方只會覺得被責備。

人習慣把想說的話留到最後，所以評論家才會把批評的話放在結尾。這正是我們需要練習的地方，**若是責備了某人，一定要確認是否以稱讚收尾。**習慣批評他人的人，若有意改變表達方式，花半年練習，應該就能學會。

047

勿以「正論」壓制他人

看見別人做錯事，想糾正是人之常情。若是預料這個錯誤會給他人帶來極大困擾，措辭想必會更嚴厲。

有人一直熬夜不肯睡，就會想勸戒：「不早點睡明天爬不起來！」有人喝酒，就會想警告：「酒喝太多會傷身。」有人拖拖拉拉，該做的事一直不做，就會想提醒：「不趕快做，後面會變得很麻煩。」

我身旁就有一位老愛語重心長提醒我的朋友。不過，我總是反駁：「你一定認為我做了完全錯誤的事，才會反過來說完全正確的道理。但是百分之百正確的事，通常沒什麼用。這跟『右腳陷入水裡之前趕緊跨出左腳的話，就能在水上行走』，或『今天先用右腳踩牆，明天換左腳踩，一個月後就可以在天花板上行走』是一樣的道理。」聽到這話，朋友通常會無奈地說：「算了，虧我那麼擔心你。」然後進入「無言行」[7]的狀態。

遺憾的是，百分之百正確的事情之所以無用，是因為它未能觸及到犯錯者的心。若不去了解對方的用意，對方自然也不會坦率聽進勸告。

我明白，苦口婆心是因為無法袖手旁觀，認為自己若是不說，他就不會懂。但是，**留給對方一條退路，也是成熟的應對方式之一。對方一定也知道這麼做不妥，之所以不去做（或無法做）正確的事，背後必有理由。**

如果忽略這點，只是一味使用正論轟炸的話，對方便會如窮鼠齧貓，起身反擊；或者堅持己見，一錯再錯。無論我們所言正當與否，都可能令對方反感，對勸告者懷恨在心。

習慣用正論壓制他人的人，請在心中保留一些餘裕。

---

7 一種透過不與他人交談，深刻體會言語力量（不論好壞）的修行方式。

048

因緣成熟，諸事成就

　　或許因現代人不想浪費時間的關係，市面上有許多指南書，主張「只要知道這些就好」，我也曾出版人生指南《これがわかれば～小さな小さなのさとり～（暫譯：只要知道這些就好～小小的領悟～）》。

　　也有許多宣稱「工作九成靠時機」、「告白九成靠時機」的書籍及言論，還有一些釣魚網站，內容不外乎判斷你的大腦有九成都被妄想、異性及夢想占據。如果你已大致掌握某件事的輪廓，希望以效率為優先考量、直達目標，不願再繞遠路的話，這些指南書說不定會是理想的工具。

　　詢問事業和告白是否能成功，最常聽到的說法之一是「時機佔九成」。以僧侶的話來說，則為「因緣成熟，諸事成就」。這是一條自然的因果法則，密教將之譜成一首〈三力偈〉[8]，通常在許願之後唸誦：

以我功德力，如來加持力，及以法界力，普供養而住。

此偈意為「自己行善累積的力量、佛陀救贖的龐大力量，以及周圍的力量，此三者若相互發揮作用，便會形成一個持續（住）的美好世界」。好比副食品，必須細心處理，嬰兒才能順利吞嚥；**若想讓事情順利，自己的實力、抓住發揮機會的能力，以及社會與環境，都要完美配合才行。**

因此，我們應先磨練自身實力（我功德力）。如來加持力的「加」，指的是外部的附加力量，例如上司或客戶問「有人願意試試看嗎」；「持」，指的是察覺並回應機會的能力，即回答「我來試試看」。法界力所指的，則是時代及環境等外在因素。

很多事只有親自嘗試才能知道結果。如果不如預期就要思考，是因為己身實力不足、沒有正確掌握對方的意思，還是時機不對？找出失敗的原因，藉此放下執念，等待下次機會來臨。

---

8 短偈，是闡述教義的詩歌，通常由四句組成。

049

偶爾聊聊工作以外的話題吧

「又是工作？難道生活只剩工作嗎？」這是我每年在面向人行道的寺院公告欄會貼上兩次的話，原本便是對自己說的，所以對內容非常有自信。

我沒有什麼興趣與嗜好，但每年都會手繪兩千張有可愛地藏菩薩及簡單箴言的明信片。某次，內人說道：「我看你的興趣是畫地藏菩薩吧。」但對我來說，這不是興趣，而是傳教的方式。

坦白說，我非常沮喪。生活沒有興趣，讓我覺得自己的人生不夠從容。無奈的是，在住持室放眼望去，也找不到一個能引起好奇心的東西，甚至還會理直氣壯地說出「我的興趣就是活著」這句逃避現實的話（雖然對於那些沒有興趣嗜好、常感人生乏味的人來說，這句話或許能為他們打點氣）。

「除了工作就沒有其他事可以做了嗎？」自虐地創造了這句箴言，讓我意識到，工作也可以成為嗜好。對我來說，寫書宣揚佛教教義就像一種興趣，甚至可說我在用人生實踐嗜好。

我投注不少心力於宣揚佛教教義。與其他僧侶討論如何弘揚佛法時，就算談上好幾個小時，也不覺厭倦。當你全心全意投入社團活動時，應該也會像「那時的做法真不錯」、「這方法行不通」這樣，和夥伴討論很久吧。志同道合的夥伴聚在一起，熱烈討論、交換意見，是件愉快的事。而對我來說，無論什麼話題都是人生（興趣）的一部分，因此皆樂意參與。

人一旦沉浸在工作中，生活就會被工作占據，甚至連聊天的主題也繞著它轉。反之，**若把「工作」收納進「人生」的範疇中，內心應該會更有餘裕吧**。那些一生只知工作的人，應該要意識到，每個人都有自己的人生。偶爾聊聊與工作無關的話題，拓展自己的視野，不也挺好的嗎？

你最近有和誰聊過工作以外的事嗎？

050

跟隨從心靈深處湧現的答案

感到迷惘、不知所措時，有三條路可以選擇。

首先，是試著挑戰。 透過名為「實踐」的因緣，促使現況產生轉機，結果就多少會改變。而且做過就會明白，事情有時簡單、有時困難，有時有趣、有時沒什麼大不了，這也是種收穫。

其次，是「現在」先放下。 如果沒有踏出一步挑戰的勇氣，那就將其放置，先不下定論，等下次機會來臨時再考慮。念書時，若被問及將來想從事的工作，通常都會說「到時候再考慮」，其實這樣也不壞。「現在」先不決定，等待「那時候」到來，在時機成熟之前，經驗和想法也會有所改變。就結果論而言，許多事都要等到天時地利人和，才會運轉。

最後，是毅然放棄。 既然迷茫，就代表挑戰與否各有利弊。若無法做出決定，就果斷放棄，別再等待不知何時才會來臨的「時機」。年輕時的我，曾數次猶豫是否要向喜歡的人告白，而「毅然放棄」這個方法，已不知多少次讓我沉醉於痛快感中。

以上三個方法，不管選擇哪一種，都要銘記一件重要的事。那就是，要發自內心決定「我要這麼做」。**後悔的本質，不在「做了」或「沒做」，而在內心深處是否真的認同做出的選擇。**常聽人說「與其不做而遺憾，不如做了再後悔」，若能真心認同這句話，就毅然挑戰，事後才不會悔恨；若是明確了解「關鍵因素尚未集齊」，暫時放置、保留也不會覺得可惜；如果清楚「還有其他事情要做，這次時間不夠」而果斷放棄，日後回想也能釋懷，明白當時的不得已。

　　迷惘時應該採取的行動，其實比想像中還要簡單呢。

051

不要欠下人情債

　　這篇想跟大家分享一個有點特別的「體貼」故事。

　　事情發生在我三十幾歲時。當時，我以講習會講師的身分到其他城市演講。前一日傍晚抵達目的地後，當地的僧侶前輩特地邀請我共進晚餐。用餐時，有三位一看就覺得不太尋常的客人進來了。對方一看到前輩，便笑著走過來，非常有禮地說：「住持您好，平時承蒙照顧了。」前輩向他們介紹我，我客氣致意：「你們好。」三人似乎已有預約，直接走向後方的座位，前輩則向我解釋：「他是我們寺院的信徒，也是這裡的地頭蛇。」

　　正當我們聊得起勁時，那位地頭蛇與他的兩位手下向我們告辭，先行離去。不久，前輩前往櫃台結帳，和店員簡短交談幾句之後，笑著回來對我說：「本來想再續一攤的，看來要先送你回飯店了。」我回：「我陪你一起去。」不過前輩堅持：「不，你明天有講習，早點休息比較好。」

詢問前輩箇中原由後，他給了我一個出乎意料的回答：「其實，那位地頭蛇剛剛替我們結帳了。但不能欠那種行業人情，因為不曉得他們會不會拿這件事當作把柄。既然欠了人情，便得趕快還清。我大概知道他們三人現在在哪家店喝酒，送你回飯店之後，我就要過去替他們結帳。這件事我自己處理比較好。」

　　這樣的情節，簡直就像冷硬派小說的內容，也讓我感嘆世上竟有如此周到的人情世故。前輩說，和地頭蛇一起吃飯時，最好問問他們「有什麼推薦的餐廳」。不過，若以為他是為了尋訪美食才問的，那就大錯特錯。「知道店名之後，我就不會去那邊吃飯了，因為一定會發生和今天一樣麻煩的事。」他笑著對我說。

　　經過這件事後，我學會了不要累積人情債。他人若有恩於我，就會儘快償還。同時也知道了有些奇妙的設想方式，就是若有不想見到的人，就要問對方「有什麼推薦的店嗎」。

052

將好的經驗
轉為對他人的「體貼」

上一篇聊了有點特別的貼心故事，這一篇則要分享一般的貼心故事。

提及體貼周到，第一個讓我想到的，是一則豐臣秀吉（當時名叫木下藤吉郎）還在織田信長麾下效力時，某個雪天清晨發生的故事。藤吉郎知道身體豪勇的信長即使在冬天也不會穿上足袋保暖，且每天清晨騎馬是他的日課。

某天早上，比平常早起一個小時的信長打開玄關門後，發現藤吉郎已在裡面待命。信長相當欣賞藤吉郎提前一個小時做好準備，但是，性格急躁的他光腳穿上草履時，卻發現鞋是暖的，因此開始大發雷霆。

「你這傢伙，是不是把主人的草鞋當作坐墊壓在屁股下？」

「不，今天早上大雪嚴峻，大人平常習慣赤腳，若是穿上冰涼的草鞋，想必會感到寒冷不已。所以抵達這裡後，我便將它放在懷裡，貼身暖鞋。」

講談中有這麼一則軼聞。天下太平，武士們就難以立下功績，因此在仕於信長之前，藤吉郎每天早上都會祈求：「盼天下大亂、國家騷動，讓我有機會立功。」或許這則草鞋的故事，正是他精心策畫的詭計之一。但無論如何，藤吉郎不僅為此付出了苦心，也深諳取悅他人之道。

　　有些人會因自己的付出得到感謝而喜悅不已，而這樣的經驗，也使他們在得到別人的幫助時明白要道謝。因為沒有得到他人感謝而失望的人，則會意識到「不管怎樣，我還是該向別人道謝」。若是因沒有得到感謝，就認為「既然沒人感謝我，我又何必對他人道謝？」的話，就不是改善，而是改惡了。

　　喝酒時，悄悄在桌上放一杯水；將玄關的鞋子擺整齊，方便大家穿上；在廁所洗完手，道聲「您請」後先離開，下一個人使用時，發現洗手台乾淨得連一滴水也沒有；在信件或電子郵件中，特地標註「不需要回覆」……生活中能像這樣讓我們感到窩心的人，說不定就是將自己的經驗，裝進「體貼周到」這個小膠囊裡，隨身攜帶著。

053

了解「本質」，煩躁就會消失

佛教教導世人「無論何時、發生何事，都要心平氣和」。想要達到這種境界，首先要通過名為「自覺無明」的大門。有「因為這種事就亂了方寸，可見我還有待磨練」的自覺，才能進而思考下一步該怎麼做。

事情不如己意時，難免會不悅。此時，如果忍不住嘟囔「別開玩笑了」、「怎麼可能」等怨言，就像在穿過一扇無明之門，陷入迷惘，不知所措。我們每天穿過的無明之門的數量，和京都伏見稻荷神社的千本鳥居一樣，多不勝數、令人厭倦。如果無法將其轉化為「自覺無明」，心靈便不能平靜。

世人常提「失敗乃成功之母」、「化危機為轉機」等警世箴言。而我也想了一句名言，那就是「蹲下，是為了跳得更高」。知道的人雖然不多，但道理是相同的。

江戶時代，以劍法聞名於世的柳生家有句家訓，在商業場合經常受人引用：「小才者，遇緣渾然不覺；中才者，知緣未能善

用；大才者，萍水之緣亦能用之。」就佛教的角度來看，小才是在面對自己的憤怒與沮喪時，非但不加省思，還認為「誰不會這樣」的人；中才是遇到不如意時會憤怒、沮喪，並把一切歸咎於別人，明明只要再向前跨出一步就能找到平靜，卻選擇站在原地的人；大才是當負面情緒產生時，能意識到情緒緣由，思考問題該如何解決，分析可否靠自己應對，努力看清事物本質的人。

當對方不聽從自己的意見而感到煩躁時，憤慨地說「氣死人了」，是小才的應對方式；站在對方的立場，認為「對方不聽應該有其理由」，是中才的做法；若是大才，則會認為「要對方聽從我的話，只是個人自私又任性的想法，我該站在對方的立場思考」，藉此提升自己。

每一天中，能讓自己成長的緣分和機會，就和伏見稻荷神社的鳥居數量一樣多，等待我們善加利用。

054

無論地位多高，
都要「親力親為」

　　剛成為和尚的人，稱為小僧。小僧的主要工作是打雜，這些雜事又稱「下座行」，從打掃佛堂及寺院環境、準備法會、傳遞訊息到搬運物品等等，都是他們的職責。這些工作雖然誰都能做，但若沒有盡力完成，日後地位提高時，就無法了解自己的成就是靠哪些人的幫助才得以順利實現。所以小僧修行的期間，重要的是讓身體記住這些雜事，而非只在腦裡想。

　　坊間的志工組織，通常會為一般會員安排書記或會計等職務。這些工作在僧侶的世界都屬於「下座行」，但執行後，也確實能更清楚了解該組織的業務內容，以及一整年的運作流程。

　　僧侶經歷小僧時代，不斷修行，會成為受人景仰的尊者。社會運行應該也與之類似吧。不過，如果你只一味羨慕那些僅需發號施令、不需親力親為的高位者，並認為自己「只要爬到不用做雜事，指示下屬即可的地位就好」的話，就大錯特錯了。

抱持這種想法的人，就算地位攀升，也無法得到周遭的信任，還可能隨時被人絆倒。真正了不起的人，應該要站在相應的立場上俯觀大局、承擔應負的責任，而且該做的事其實更加堆積如山。那時，請千萬不要忘記過去的自己，一定要保持親力親為的習慣。

家父在六十歲的時候獲得了「大僧正」[9]的稱號。某年夏天，他戴著草帽、穿著工作服，正在燃燒從墓地回收的花時，一位檀家老太太誤以為家父是寺院的雜工，走過來對他說：「這麼熱的天，真是辛苦你了。這點心意你拿著吧。」說著便塞了一張千圓紙鈔給他。脫下草帽的家父回覆：「不用這樣啦。」結果老太太驚訝地張大了眼睛：「唉呀，原來是住持呀！」

到了傍晚，家父開心地提起這件事，還把那張千圓鈔票拿給我看。我則反省自己沒有一起去燒花，並一邊感嘆「願意放下身段做下座行的大僧正，真是帥氣」。

順便告訴大家一句我非常喜歡的話：「偉大的人不應以自大為樂。」我希望自己能將這句話銘記在心，凡事親力親為。

---

9 日本僧官制的頂點。

055

人人皆有「拒絕的權利」

　　若有人問「可以幫我做這件事嗎」，便證明他有注意到自己的存在。不僅沒有被遺忘，而且還被寄予厚望，認為「這個人應該做得到」，這是多麼令人高興的事呀。姑且不論是否能夠達到對方的期待，既然得此機會，想要盡力而為，應該是人之常情。

　　有些人思量後，認為這是展現實力的最佳機會，欣然接受挑戰。有些人則秉持著回報曾經幫助過自己成長的人的感恩之心，即使相比自身成就，對方的請求可能微不足道，卻依然願意盡己所能，伸出援手。

　　有句俗語說「機會之神只有瀏海」[10]，從後頭是抓不住的。字面上看，或許會讓人覺得抓神明的頭髮是大不敬，但這句話隱含的意義，是提醒大家切勿錯失良機。前面也曾經提到江戶時代的柳生家家訓[11]，簡單來說，若不好好利用難得的緣分，就無法脫穎而出、一展長才，是提醒世人善用機會的教訓。

不過，若只是一味追求對方的信任，而忽略了情勢分析，如自己是否具備足夠的能力、是否有人支持等等，那麼，結果就可能變成以怨報德。為了避免這種情況發生，有時我們還是要鼓起勇氣，拒絕請求。

在團體中活躍的人，可能會擔心自己若是接受請託，會剝奪其他人獲得功名的機會，故以「這個人比我更適合」為由，加以婉拒。也有人擔心自己若是做了這件事，會引人嫉妒，導致人際關係受到影響，因而告訴對方「雖然機會難得，不過這次我可能無法幫忙，希望下次能與您合作」，婉轉回絕。

像這樣，受託者心中往往會有許多考量，**因此委託者也請記得，要讓對方有拒絕的餘地。**

---

10 原文「チャンスの神さまは前髪しかない」（Seize the fortune by the forelock.）。
11 詳參本章〈了解「木質」，煩躁就會消失〉（第122頁）。

056

對每件事僅用「八成的力氣」

「師父，怎麼樣才能在工作、家庭及育兒之間找到平衡呢？」有位已有妻兒的年輕自由撰稿作家這麼問過我。

「平衡這東西根本就不存在吧？」

「哇，師父您這話還真是直截了當呢。」

「因為這就像是用三根棍子搭成一個三角錐，然後站在頂點上呀。會摔下來的。這麼危險的事情，怎麼可能做得到？」

「可是，有些街頭藝人可以單手拿著三根棍子，在棍子頂端放上盤子旋轉，而且還轉得穩如泰山呢。」

「的確有人能做到，但他們並非連續好幾年都在轉盤子。一旦失敗，盤子就會摔破。更何況那只是街頭表演，和現實中的工作、家庭及育兒情況完全不同。」

「可是先比喻這像站在三角錐頂端的人，是師父你呀。」

「……」

我曾嚮往著一個有孩子和狗的家庭，於是在得知內人懷孕後，養了一隻小狗。結果，一位大正時代（一九一二～一九二六年）出生的鄰居老太太跟我說，當地有句俗語：「有了孩子就不要養動物，因為愛會被分散。」

　　實際上，孩子出生之後，因為「已婚者的責任感更強烈」這個理由，我接受的工作增加了。人生第一次照顧孩子真的非常辛苦，同時，我也察覺到自己無法顧及主要負責育兒的妻子。幾個月後，我不得不把狗交給認識的人飼養，整個經歷使我心情非常苦澀。

　　本來想同時進行工作、育兒、家庭和養狗四件事，最後卻不得不放棄養狗，而且就算只剩下三件事，也無法對每一件事投注百分之百的精力。不管孩子是一個、兩個還是三個，我都能各自給予百分之百的愛，但若要在工作、育兒和家庭之間取得平衡，就又是另一回事了。

　　談到比例，應該有人會認為將一百分成三等分的話，每分平均是三十三，然而事實並非如此。在每房約七點五坪大的三房客殿中開冷氣時，動不動就會跳電。後來，電器行的人告訴我：「不能讓這三台冷氣全功率運行。**應該要調整設定溫度，讓每台冷氣以百分之八十的功率運行，才能全部正常運作。**」

　　若要找到一個能兼顧工作、家庭和育兒的訣竅，我想，這應該就是答案吧。

057

享受「被迫工作」的三個訣竅

有時我們會難以拒絕「這份工作拜託你了」的請求,即所謂「被迫工作」。因為是非自願、半被強迫地做,心中可能會產生「有夠煩的」等負面情緒。不管是倒垃圾、打掃、影印,還是牽扯複雜人際關係或需扛起責任的工作,甚至父母親的葬禮,人生中總是會有許多再怎麼討厭也得處理的事。

職場菜鳥和只顧自己的人或許不懂,但是已累積一定社會經驗的人,應該要知道即使是「被迫工作」,也能樂在其中的方法。只要可以順利掌握這種心態,日後就算被強迫做事,也能輕鬆地捲起袖子,說「那就試試看吧」。

就連常被家人取笑「從不記取教訓,沒有學習能力」的我,也學會了三種享受「被迫工作」的方法,幫助自己從「不想做」的沮喪心情中迅速抽離。但在依序介紹這三種方法之前,我們要先做好準備,知道若無法完成強加於己的工作時,該如何應對。

要是做不到,那就:一,先道歉。二,告訴對方你將如何將

這次失敗轉化為下次的成功。三，努力改善，實現目標。另外，過程中若是遇到困難，為了減少損害，也應毫不猶豫地尋求協助，或大聲唱出披頭四〈Help!〉的開頭，讓周遭的人聽見求救。

第一個樂於被迫工作的訣竅，就是把它當作一個**「測驗自我潛力的機會」**。自己要如何有效率地完成這份工作、能做得多細心、可以多愉快地面對……將其視為一種挑戰，積極參與其中。

第二個訣竅，就是把它視為一個**「受他人認可的機會」**。即使是與自己能力相比，不值得一提的事，若能笑著接受、輕鬆搞定，讓對方受益的話，就抱持著「不需感謝，只要能幫到你就好」的高潔心態，「死而瞑目」[12]即可。

最後一個訣竅，就是將其視為**「累積經驗的機會」**。

如果總是因為被迫就錯失這些機會，豈不太可惜了？

---

12 原文「以て瞑すべし」。

058

把「工作」當成「自己的事」

事情發生在我與三十幾歲仍然單身的長子及其妹聊天時。

我問女兒：「妳想和什麼樣的人結婚？」女兒想了一會，回答：「值得尊敬的人。」我知道她的公司有幾位可敬的上司，於是再問：「什麼樣的人值得尊敬呢？」「對自己的工作感到自豪，應該說，有自尊心的人吧。」

有些人在工作時老是嫌東嫌西，而她並不會被這種人吸引，也不想與其結婚。這令我想到有人曾經說過，自己**「不是選擇喜歡的工作，而是喜歡現在正在做的工作」**。

這時，旁邊的長子說：「我有一個單身的朋友，非常喜歡自己的工作，每次聚會都會熱情地跟別人分享。照這種情況來看，就算結婚了，他應該還是喜歡工作更勝於妻子。」意圖激起他妹妹的不安。

兩個單身的人，將理想和不安投入一個名為「婚姻」的未知桶子裡，不停地用棍子攪拌。而彷彿站在旁邊觀望，其實已在這

個桶子裡度過三十五個年頭的我，看著他們兩個在桶外爭論「不是那樣」、「不是這樣」的模樣，感到非常有趣。

與其為了賺錢而心不甘情不願地工作，不如稍微轉個念，積極將其視為「自己的事」，試圖尋求成就感和驕傲。這是一種愛上現在工作的手段，也有人藉此發展出「把別人的事當作自己的事來處理」之觀念。

佛教也有與此相似、可使心靈平靜的教義，即為四攝法中的「同事」──思考「如果我是他的話會怎麼做」，再採取行動（這應該是夫妻生活的基本原則吧）。在做某件事時，若是心不甘情不願，自然會牢騷滿腹、抱怨連連，當然也無法平靜。

有沒有能將工作和他人的事視為己事，並且珍惜伴侶的單身人士，願意成為我的女婿或媳婦呢？

059

別以為是你「獨力完成」

我在前篇中提到，事情若要發生，人及時機缺一不可[13]。僅具成就之人而無適當時機，或只有成熟時機而無成就之人，都無法讓事情有所進展。空調定時啟動，卻沒有能感受到溫暖或涼爽的人類處於空間中，運轉便毫無意義可言。

然而，欲達成某事，也並非只需此二因素。釋迦牟尼領悟到的其中一個道理，就是事情發生皆由因緣促成，亦即「緣起」。

假設現在你正準備開車前往目的地。讓我們隨意列舉幾個此時的因緣——首先，你需要有前往目的地的理由，而這理由也是由許多因緣交織而成。去便利商店，有可能是因為肚子餓、家裡沒有吃的、想吃便利商店才有的食物，或者去便利商店之後想順便去其他地方等等。

再來，你需要一輛車，而製作汽車需要鐵、塑膠及橡膠等材料。鐵的完成，需要煉鐵工人、運送鐵礦的船隻、從礦山挖出鐵礦的工人，以及養育這些工人的父母。塑膠及橡膠的加工也是同

樣道理，不僅如此，車子中還匯聚人類累積多年智慧製成的電子零件。

再來是你所需要的東西。總不能裸體開車吧，所以要穿衣服。既然如此，就會有賣衣服的人，以及買衣服的你。這之前還會有服裝設計師、製造棉布的人，以及種植棉花時所需的太陽、雨水和土地。而擁有一具可以駕駛的健康身體，也是前往目的地不可或缺的條件之一。

只不過是開車去某個地方，就需要這麼多因緣。有心的人，會用「托您的福」來表達感謝；若只能想到是「靠自己開車去的」，就不會有這種心情了。

心懷感恩的人視界廣大，能夠注意到在幕後默默付出的人。**老是聲稱自己獨力完成某事的人，偶爾也要思考一下在背後支持自己的廣大因緣，世界才會變得更遼闊。**

---

13 詳參本章〈因緣成熟，諸事成就〉（第112頁）。

060

擁有「得失」以外的標準

　　「善用零碎時間」逐漸成為當今熱門的話題——通勤的時間、吃飯洗澡的時間、休息的時間，如果什麼都不做，等於白白浪費。網路上也有許多利用零碎時間賺錢的方法，例如透過雲端工作平台找尋可以運用自己技能的外包職缺、利用智慧型手機進行股票交易的網路證券，以及能選擇喜歡的時段和地點外送餐點的Uber Eats等等。每當看到這樣的文章，「時間就是金錢」的想法就會化為細小的粒子，充盈在歲月的空檔及內心的悠閒中，讓我們產生危機感。

　　有次我受邀到某個小學演講，走在走廊上時，聽見教室裡傳來老師的聲音：「為什麼大家都不想做呢？這麼好的機會，錯過會吃虧喔。」當下，我馬上想：「老師呀，不要用得失來勸孩子行動……」

　　我曾經擔任過各種職務，經常被父母、兄姊和妻子訝異地問：「為什麼要接下這種工作？可以做的人那麼多，為何非得去

做吃力不討好的事？」這樣的經歷，讓我對「得失」變得敏感，因為**我做事的標準並非得失，而是責任感和自身意願。我不為利益行動，也不因損失放棄。**

不如說我根本不信任那些只為利益行事的人，因為他們也會為了得利而毫不猶豫地背叛他人，不惜為惡；面對那些有益他人卻會損及自身的事，便像一隻察覺危機的烏龜，絕不冒險挺身而出；若判斷某件事會帶來損失，則毫不猶豫地翻臉不認人。

雖然寫得冠冕堂皇，但失去的如果比得到的還多，不免也會想抱怨「真是不划算」。不過，想歸想，畏懼「言靈」威力的我，還是會盡量克制自己，不讓抱怨脫口而出。我想我這輩子應該會一直努力地這麼做，也希望能夠不覺厭倦，堅持下去。

061

從「麻煩的工作」著手

無論是麻煩的事、辛苦的事，還是痛苦的事，如果非做不可，不如趁早完成，這是讓人生更加輕鬆的常見手段。

小學及國中時，我不懂學到的事有什麼用處，所以好好上課對我來說並不容易。但若不認分學習，將來出社會就會遇到困難。俗話說「玉不琢，不成器」，年輕時吃的苦，定會在日後有所幫助。

若因麻煩而一再拖延，最終就會與《伊索寓言》〈螞蟻與蚱蜢〉中的蚱蜢一樣自討苦吃。有些不負責任的大人明知政經問題迫在眉睫，必須立刻解決，卻只顧追求短期利益，結果給後代帶來麻煩及負擔。這與人們熱議的「壽司喜歡的配料什麼時候吃」、「燴飯的鵪鶉蛋什麼時候吃」這類輕鬆話題是不一樣的。

佛教說的煩惱中，有一種稱為「不正知」，指明明有為了心靈平靜非做不可的事，卻遲遲不肯去做，導致自己心情混亂。旨在告誡世人，若必須做某些事，就應盡快完成，以免情緒失衡。

這樣的想法，也可以應用在工作上。繁瑣的工作、輕鬆的工作、能樂在其中的工作，究竟該優先處理哪一個呢？繁瑣的工作需要花費大量時間與勞力，但若不著手處理，就無法知道其中潛藏何種狀況。例如要更換幾十年前埋設的鐵製水管，需要挖土、移除舊管、安裝新管，再重新填埋等等，是非常複雜的工程。但若不挖土，就不會發現水管破了一個大洞。不重新填埋，就不會發現當初預估的土量不足，必須使用更多的土。麻煩的工作，經常會伴隨著這樣的意外。

　　既然已知是遲早要做的事，不如就提前做好，才能節省時間，讓心靈更有餘裕。讓我們揮手告別先從簡單輕鬆的事情開始做，結果只能手忙腳亂地應對剩餘的繁瑣工作的習慣吧。

062

「愛下敬上」的理想境界

　　落語、講談、浪曲（浪花節）[14]是日本三大說唱藝術，俗話說「談笑的落語、憤怒的講談、悲傷的浪曲」，就算題材相同，三者也能各自呈現出不同風格與氣氛。精心撰寫的劇本和表演者的努力，吸引了不少年輕人入門學習，也讓觀眾有更多機會欣賞演出。

　　其中，有三味線伴奏的浪曲誕生於明治時代（一八六八～一九一二年）初期，歷史並不算久遠，因此許多劇目都借自講談；而講談又傳承了不少歌舞伎和淨瑠璃[15]中受歡迎的劇目。

　　以上是背景資料。我想介紹浪曲中的《壺坂靈驗記》，這本是在明治初期初演的淨瑠璃劇目。

　　盲人澤市的妻子阿里每晚都在澤市入睡後外出，當澤市質疑她是不是在外偷情時，阿里才坦白道她每天都向壺坂觀音祈禱，希望澤市的眼睛能夠康復。

聽到這番話後，澤市也開始一起去參拜，但他思及自己無法讓阿里幸福，於是跳崖自盡了。阿里得知後，也跟著跳崖殉情。不過，觀音菩薩的神力不僅讓兩人得救，澤市的眼睛也得到治癒，重見光明。

浪曲的《壺坂靈驗記》中，有「妻子愛護丈夫，丈夫敬慕妻子」[16]這廣為人知的曲調。其實這篇本來打算以此句開頭，但是考慮大多數讀者可能不理解其中意涵，前面才會花這麼長的篇幅解釋。

「上位者關懷下位者、下位者敬慕上位者」是讓事物順利運作的基本原則。不管是師僧與弟子，或是主管與部屬，彼此關係都應如此。不過，現實中難免會遇到不值疼惜、態度輕浮的部下，或者自私自利、讓人無法也不想敬佩的上司。儘管如此，我還是希望身為上司的人，能抱持著報恩的心態，如同自己亦曾被前輩培育一般，好好栽培部屬，慰勞、關懷他們。而身為部屬的人，也應該聆聽值得信賴的上司的指示。若世人都能擁有這樣的關係，公司和家庭將會成為極樂淨土。

---

14 浪曲（ろうきょく），又稱浪花節（なにわぶし），日本傳統表演藝術之一，以三味線伴奏，用說唱的方式描述故事。
15 「淨琉璃」（じょうるり）、「歌舞伎」（かぶき）、「能」（のう），是日本三大傳統藝術。
16 原文「妻は夫をいたわりつ、夫は妻に慕いつつ」。

小小的改善

4

小小改善

能享受人生變化的

第 2 章

063

看看現在的自己
比以前進步的地方

　　佛教告誡世人要遠離比較，因為比較往往使心無法平靜。僅僅覺得「這個不錯」，不涉及比較的話，還說得過去；但若是認為「這個比那個好」，恐怕就難以看清事物本質。

　　例如說「咖啡比紅茶好」，是在拿紅茶的缺點及咖啡的優點做比較，但咖啡就算不與紅茶一較上下，其優點也依然存在，這麼一比，反而模糊了喝咖啡的好處。

　　又如在競技比賽中取得第二名的人，若只知與第一名比較、悔恨於自己不夠快，便毫無意義可言。因為最重要的，是自身的成績。

　　與他人比較，並不會幫助我們了解事物本身的價值。既然如此，我們又能透過比較得到什麼呢？

　　「和那個人相比，我還差得遠呢！希望有一天也能和他一樣優秀。」藉由比較，決意向他人看齊、努力達到更高水準，並不是壞事。取得第二名的人，何不就把第一名當成目標，告訴自己

「既然他可以取得那樣的成績，我也要努力達標」。**光是羨慕而不努力，羨慕心就會漸漸變成想把對方拉下來的嫉妒心。**

另外一種情況是和過去的自己而非別人比較。這種方式也有好有壞。隨著年齡的增長，我們投入某事的熱情、改變某事的意願，以及體力和記憶力等都會慢慢衰退。若將昔日精力充沛的輝煌年代，與今日年衰體弱的自己相比，定會感到淒涼可悲。

不過，現在的自己應該也有比以前進步的地方吧。因為經歷許多失敗而對他人的過錯寬容以待、因為注意到與他人的共同點而變得體貼善良、喝紅茶的姿態變得優雅等等。**站在高處微笑看著曾經不成熟的自己，其實是一件美好的事。**

如何？是不是想要趕快達到這個境界呢？雖然可能會因此想早點變老，但無奈人生無法加速前進，也不能乘坐纜車一口氣抵達山頂，只能在每日之中不斷累積，趨步攀爬。既然如此，我們何不做好萬全準備，向前邁進？

064

過度追求健康，反而不健康

「健康壽命」這個詞，在人類迎來百歲時代後出現，是指人沒有臥床不起，能正常生活的時間。萬事以健康為基礎，許多來寺院參拜的老人家也會說：「住持呀，健康最重要。只要身體健康，其他什麼都不需要。」

這時，我會故意回答：「我知道活著最重要的就是健康，但既然是人，難免會生病。注意健康固然重要，但更重要的是為生病時打算。」

許多人聽了我的話後，會露出失望的表情，這也是理所當然的。隨著年紀增長，他們好不容易達到「比地位和財產更重要的是健康」這個崇高境界，眼前這個和尚卻開心地在戳破美夢。

總而言之，「想保持健康」與「不想生病」是同個意思。姑且不提電視及雜誌上的健康專題，很多人對宛如巫術的民間療法、可以當作太空食物的保健食品，以及過了幾個月就會變成擺飾的運動器材都相當感興趣。

每當看到這種情形，我就會覺得這些人與其說是想變得健康，不如說是不想生病。雖然上面說「想保持健康」和「不想生病」意義相同，但在心理上卻有極大的差異，即其出發點是否基於恐懼。儘管表面上都是在與他人談話時迎合對方，但因為不想傷害對方而迎合，與因為不想被討厭而迎合，兩者大相逕庭。

　　把追求健康當作擺脫「不想生病」的恐懼的手段，在精神上反而不健康。這並不是在否定民間療法、健康食品及運動器材的實用性（也不可能否定，因為我也會去針灸、每天早上喝蜆精，還會玩指尖陀螺），但若只因害怕生病而拚命追求健康，就會不顧他人感受強迫推銷，甚至囤積好幾個月份量的保健食品，反讓人擔心是不是忽略了心理健康。

065

逐一卸下「人生包袱」

　　「人生如負重行遠」這句話，是德川家康遺訓的開頭。下一句「不可急躁」，則是告誡子孫，若身上有沉重包袱，卻欲著急度過，就會對腿和腰造成負擔，反而半途而廢。

　　人會想追求速度，是因為不自由。如「想要趕快賺錢」，是因缺少可任意支配的錢財。所以家康才會以「以不自由為常事，則不覺不足」教誨子孫，只要經常回想過去受拘束的時光，就會覺得現在已自由許多。「心生欲望時，應回顧貧困之日。心懷寬恕，視怒如敵，則能無事長久。只知勝而不知敗，必害其身。責人不如責己，不及勝於過之」，這是統一戰亂，成為天下人、建築和平江戶時代基礎的家康，他的處世心態與方法。

　　人背負的包袱，會隨著年齡而不同。回顧自身經歷，會發現十幾歲、二十幾歲時，背著「試圖讓自己看起來比實際上更厲害」的包袱，並將其視如珍寶。一旦打開心靈的拉鍊，還會看見裡頭還有「不想被人討厭」這個顯眼的大行李。到了三十歲，已

不需要再背負這兩個包袱了，於是將之捨棄。結婚生子之後，「家庭生活」的包袱會取代個人的包袱。

「掌握工作」的包袱，漸漸被「職涯提升」取代；「隨心所欲」的包袱，慢慢變成「迎合他人」。墜入愛河的時期，我曾以為「真愛真情」是人生中最重要的包袱，但發現它只存在於歌曲中後，便不再為之焦急憔悴。

我們所背負的行李裡面，還塞滿了許多小包裹。有「得」、有「失」；有「結果」、有「過程」；有「為自己」、「為他人」；也有「父母之恩」……**只要在人生的每個階段稍作檢視，說不定就會發現那些已經乾癟、不再為己所需之物。**

066

養成「慷慨贈予」的習慣

　　生於昭和二年（一九二七年）的家母，旅行時幾乎不會替自己購入任何東西，但會為鄰居和一直照顧自己的人買許多伴手禮（如糖果或吊飾）。掛在她錢包拉鍊上的吊飾，以及手提包裡的手帕，當然也不是她自己買的，而是別人送的。

　　在家母成長的年代，旅行不是說走就走的事，所以分送洗滌生命的旅行紀念品，是專屬彼時的美好情懷。即使到了現代，只要造訪觀光景點，依舊可見不少價格合理、適合送人的筆或點心。想必應該也有不少人，會為照顧自己的人挑幾件小禮物吧。

　　只要口袋裡的錢夠，我也會買一大堆有趣或好吃的東西送人。像前陣子，我買了五十副神奇的眼鏡，只要戴上後去看煙火的話，所有火花都會變成漫畫人物。另外，我會為來寺院拜拜的孩子準備點心，也會為盂蘭盆節時來掃墓祭祖的孩子準備手持煙火。先聲明，我這麼做既不是為了反駁「寺院（和尚）只會敲竹槓」的言論，更不是為了接受他人布施的生活贖罪而懺悔。

最近有愈來愈多人會將家中不需要但還堪用的物品放在門口，貼上「免費贈送，歡迎自取」的字條，讓鄰居自由拿取。如果沒有專程加上「請勿轉賣」或「珍惜使用」等條件的話，從佛教的角度來看，就是非常優秀的布施。若希望情人節送出去的巧克力，可以在白色情人節收到回禮（甚至有人會希望對方以兩倍甚至三倍的數量返還），就不能算是一種無私了。

當我看到孩子把糖果放進小包包裡時，會故意伸手跟對方說「給我一個」。看到當時回答「不行！」的孩子，幾年後成長到能主動說出「這個給你」，就會感到相當欣慰。

其實也不需要特地舉出家母的事當作例子，**能夠從給予他人某物這件事由衷感到喜悅的人，就是幸福的人**。同時，也希望大家能牢記這句話：「重要的不是給予對方什麼，而是讓對方察覺到他們擁有什麼。」

067

高聲說話，能振奮心靈

只要心中充滿活力和希望，說話時聲音就會變得高亢。筷子從桌上掉下來時，被逗樂的女孩會開心地大聲歡笑；心情已不再有起伏的老人家，則會低聲埋怨：「真是的，最近注意力愈來愈差，老是掉東西，真不想變老。」

能高聲讚嘆雨後的彩虹「好美！」是因為心中充滿了希望；那些試圖炫耀知識，說出「雨後只要背對陽光，就能看到彩虹」的人，則因內心缺乏感動而聲音低沉。

抱怨和牢騷很難以高聲調說出來，是因這些情緒本身缺乏活力。低聲說出「無聊」二字的人，什麼事也不會想做；而大聲說出「好無聊喔」，則會激發突破困境的挑戰精神。

我有時會反過來利用這個道理，在不讓聽者感到不愉快的範圍內，故意提高語調說話。**即使是「早安」、「謝謝」之類簡單的問候，只要大聲地說出口，心中自然會活力洋溢。**

感覺自己最近說話語氣低沉的人，不妨刻意提高兩個音調。只要這麼做，應該很快就能感受到差異。

而另一件在日常生活中要特別注意的事，就是保持笑容。「笑容是最好的化妝品」、「伸手不打笑臉人」，這些道理不僅在人際關係中非常重要，即便獨處，我也會盡量保持嘴角上揚。如果眉頭深鎖、嘴角下垂，就算在做喜歡的事或興趣，也會覺得自己很悲哀，所以該努力保持微笑（看在別人眼裡，可能會認為我很詭異吧）。露出厭惡的表情，會讓我覺得對自己喜歡的事不敬。就算出了錯，我也會笑著說「原來會這樣啊」、「哎呀，真是糟糕」、「這不好解決」，以輕鬆的心情待之。

高聲說話能振奮心靈。同樣地，在做喜歡的事情時面帶笑容，也能讓我們重拾初心，不忘本意。

068

退休時要回顧成就、展望未來

　　我在前面的章節中提過,「有時重要的不是開始或持續,而是結束。」[1] 自己開始的事,通常需要很大的勇氣,才能為其畫下句點;但是,繼續下去如果會帶來不安、空虛,就應該適時敲鐘,宣告比賽終結。

　　另外,雖然並非自己想做才開始的,但為了生活而工作、學習技能並積累經驗,在流過許多汗水的人生中,有一個不得不面對的階段,那就是「退休」。僧侶雖然沒有退休制度,但是可以辭任住持。在那些副住持已年過六十的寺院中,住持的家人及檀家可能會勸其辭職。另外,在日本別稱「大黑」的僧侶之妻,有時也會把自己的職責讓給兒媳。

　　失去一直支撐自己的責任感,就跟失去生存價值一樣,不管在生活或精神上,都會帶來極大的變化。有位自己經營小店的老奶奶,從三十歲開始就管理著店內的帳簿。在她七十幾歲的時候,帳款被發現出了問題,經營權也因而被兒子拿走。從那之

後，老奶奶出現了失智症狀。她不僅失去了需要掌握經營狀況及細心計算的會計工作，也失去了心靈的活力。

員工從公司退休，或者婆婆在兒媳進門後將所有家務轉交出去，也是類似的情況。還不到說「從今以後就可以享清福了」的時候。**因為離職之前，必須整頓心情、做好準備，放輕鬆，讓自己從緊張狀態中解脫。**

整頓心情，是總結自己做過的事情。列出成果清單，看看自己的工作對社會、家人有何貢獻。回顧職涯中學到的所有，並肯定自己，毫無怨尤。就算是自己無法認同的失敗人生，說不定也能以此為反面教材，從中汲取教訓，學習成長。

整理出成果後，就能放鬆心情（也許小酌一杯），像是描繪夢想般地去思考未來。如此一來，內心深處應該會慢慢浮現以後想做的事。只要溫柔地捧著這個夢想、細心培育，就能避開「退休憂鬱」這個棘手的病症了。

---

1 詳參第三章〈停下來，說不定會開啟新的道路〉（第98頁）。

069

學習接受不同的做法

「四苦八苦」一詞來自佛教。苦，意指「事情不如己願」，最具代表性的就是生、老、病、死四苦。老、病、死往往為人所厭，歸類為苦很好理解；但應該較少人意識到，出生其實也是不如己願的苦難之一，因為我們無法選擇自己的父母、生年、性別。除此之外，還有新增的四苦，分別是：不得不與所愛之人分離的「愛別離苦」、不得不與討厭的人相處的「怨憎會苦」、求之而不得的「求不得苦」，以及肉體和精神活動帶來的「五蘊盛苦」，合起來即為八苦。

這裡不深入探討每種苦的意義，但具代表性的生、老、病、死四苦，比起「事情不如己所願」，更適合以「無法以個人意志介入」來解釋。我們固然無法選擇出生方式，但是可以決定生病之後該怎麼做、要如何老去（最近甚至可藉由拒絕延命治療等方法，自行選擇死去的方式）。有關生病時的覺悟，會在別篇中詳談；在此，想和大家一起思考變老的其中一種方法。

我們在人生中，會學習到一些自認絕對不出錯的「正確」方法，例如買肉就要去這家店、買牛奶就要去那家超市，入住飯店時則要像漫畫《骷髏13》的主角一樣，挑選靠近緊急出口的房間。每個人都有自己的做法，也因為自己用這些方法順利過了關，看見其他人採取不同方式時，就會想告訴對方「不，你做錯了」，慢慢成了一個囉唆的老人。

　　然而，除了自己的方法之外，其實也有其他做法可選。既然我們在找到自己的方法之前，曾經歷過一番波折，那就應該也要在別人用他們的方式做事時，尊重對方的選擇，告訴自己「算了，這也是一種經驗」。

　　無法做到這一點的人，往往會被貼上「老頑固」的標籤。因此，**我們在堅持自己的方法之餘，也要培養接受其他方法的力量**，這樣才能懷抱著寬容的心，慢慢老去。

070

了解「終有一死」，
人生就會更燦爛

　　「大放異彩吧！寺院公告欄大獎」是一個由佛教傳道協會主辦，讓寺院相關人士及參拜者將印象深刻的公告欄投稿拍下，並從中票選得獎者的比賽。二〇一八年第一屆大獎的得主，是岐阜縣願蓮寺。得獎的投稿直言了常被遺忘或被視為禁忌的真理，衝擊力之大，讓人看了忍不住會心一笑：「你也會死的，釋尊。」

　　一個在世時作惡多端的男人，死後被帶到閻羅王面前。閻魔王翻閱著詳載該男子生前言行的閻魔帳，無奈地嘆了一口氣，說道：「為了不讓你墮入地獄，我還特地派了使者過去，你竟然沒注意到。」

　　「使者？我沒有遇到耶。」

　　「你說什麼？你難道沒有看過或聽說過他人的死亡嗎？」

　　「有啊，我的爺爺奶奶早就過世了，我也不知從葬禮會場前面經過了多少次呢。」

「你這個笨蛋。那些人的死亡，就是我派遣的使者。你曾數次與死亡擦身而過，為什麼就不能想到自己總有一天也會死，進而在活著的時候好好珍惜生命，磨練心性呢？」

　　「就算珍惜生命、磨練心性也沒用呀！畢竟早晚都要死的，不是嗎？」

　　「所以你才會一直給人家添麻煩，抱怨連連、責怪他人，把所有的錯都推給別人嗎？」

　　「那當然。」

　　「真是個愚蠢的傢伙。下地獄接受報應吧。」

　　無奈的是，每一個人都背負著名為死亡的宿命，而且老少不定。先出生的長者未必會先離世，後出生的少者也未必會長生。**要選擇在「反正都會死」的絕望中自暴自棄，還是珍惜當下，設定目標、努力向前，決定權在你手上。**

　　「你也會死」這句話不是威脅，而是真理。

071

「不做壞事」比「做好事」更重要

　　某個廣播節目中，主持人讀了一位聽眾的來信：「我經常受邀參加聚餐或出遊，所以零用錢不夠用。」身為來賓的作家隨即表示：「常受邀代表你人緣很好，有人望。」作家能立即將「頻頻被人邀請」這件事歸結為「有人望」，讓我深感佩服，表示他平時對他人觀察入微。

　　這裡的人望指的是人德。佛教以「四攝法」教誨眾生有德之人的特質，包括無條件奉獻的「布施」、滿懷慈祥的「愛語」、成人之美的「利行」，以及將心比心、與他人合作的「同事」。

　　據說佛陀透過這四種方法來救度眾生，故也有人稱之為領導者應具備的資質。我認為，四攝俱足的人，通常也能自然而然地吸引他人圍繞在旁，因此經常受人邀請。若只因想吸引人氣，才試圖實踐四攝，則是本末倒置。不過，要達成這四種德行，其實門檻頗高。

佛教中的「十善戒」，並不是指該實行的十件善事，而是該遠離的十件壞事。如「不殺生」是遠離不必要的殺生、「不偷盜」是遠離竊盜、「不妄語」是遠離說謊。這種「不為惡即可」的想法非常獨特，若以此法實行四攝，難度就會大幅降低。

　　「布施」指付出時不應附加條件，如「你這樣做，我就給你」或「我幫你了，你應該回報」。「愛語」指勿粗暴說話，言行應慎思，若是做不到，就保持沉默，微笑以對。「利行」指遠離只能利己的行為。「同事」則指不要固執己見、孤立自己。

　　即便如此，這些要求可能還是太難了。不過，我們身旁那些經常受邀參加聚會的人，說不定就是具備這些德行的人。只要試著模仿他們，人際關係應該就會像上了潤滑油的機械，順暢地運行起來。

072

炫耀要建立在感激之上

　　我已在寺院中與長輩們聊天超過三十個年頭。當我六十歲時，腦海裡突然冒出「履歷表人生」和「申請表人生」這兩個詞。長輩們經常提及他們的人生多麼辛酸，比如邊照顧孩子邊下田幹活、因為親戚橫行霸道而吃盡苦頭、為了守護家庭從早工作到晚等等。在他們口中，「辛酸」與「努力」同義。

　　聊完自己的辛苦談之後，不少人會接著說：「哪像現在的年輕人……」這可能是因為他們提起這話題時，會被年輕一代頂撞：「那是因為時代不同了。」這殺手鐧往往讓長輩無言以對，所以才會找寺院的住持抒解無奈。

　　每當聽到有人自豪地提起過去的辛酸，我就會想起日本樂團Off Course的名曲〈我們的時代〉中的一段歌詞：「並不是你的時代已經結束，而是你不願意與我們同行。」只知大談當年勇的話，被認為是不願與年輕人一起面對現在的生活，也是情有可

原。當然，長輩也有長輩的想法，他們會說：「我是在告訴你們值得學習參考的經驗，是你們年輕人不願意與我們老人同行。」

「履歷表人生」是指人只知炫耀自己過去的經歷，過著自吹自擂的生活。現在的人找工作時，不是單單丟出一份履歷表就好，還要根據以往經歷，提出未來志願申請表，告訴面試官「我做得到這個」、「我想做這個」。當長輩們談論過去時，或許可以參考這個方式，同時也表達自己往後想度過怎樣的人生。

聽了能使人感到愉快的自誇，通常與家鄉和家人有關。對於聽者來說，這些炫耀的話語是建立在感激之上，如「多虧了故鄉」或「多虧了父母」，因此讓人舒心。**不論年輕人或老人，若想誇耀自己的豐功偉業或辛苦歷程，不妨改說「多虧他們，讓我變得更善良」、「幸好有他們，我才明白了誠實比誠懇更重要」，試著加上一些感恩的話吧。**

073

讓人生更有深度的
「大人學習法」

　　我去小學演講時，通常會準備一些色彩繽紛的氣球當作小道具，在休息室將其中八顆吹到約直徑二十公分大，並且都綁上絲帶，拿在手上帶進會場。孩子只要看到氣球，就會很興奮地喊：「啊，氣球，給我一個！」但我會說：「這裡只有八個氣球，如果我給你們，一定會有人拿不到。拿不到的人，會覺得拿到的人很狡猾，不是嗎？叔叔來這裡可不是為了製造仇恨，讓大家變得不幸的。」孩子們聽到這番話，紛紛沉默，露出聽到未知的深奧道理的表情。

　　「為什麼我們在學校要學那麼多東西，還包含不喜歡或者不擅長的科目？那是因為這樣可以增加將來能從事的工作。如果現在好好學習各種知識，可以選擇的工作，就會像這些氣球一樣多。但，如果不好好學習……」說到這裡，我拿起一根上頭黏有圖釘的棒子，一個個把氣球戳破。孩子們看到未來的工作一個接一個在眼前爆炸時，不禁展露出悲傷的表情。雖然我也覺得自己

這麼做有點惡劣，但為了讓他們想像不念書的後果，戳破氣球的表演往往可以帶來不錯的效果。

在學校學習的是為了踏進社會所準備的基礎。每一門學科，都是人類從長遠積累的經驗當中歸納出的，年輕時應該要學會的東西。就學時期，只要好好讀書，就能掌握一定的基本知識。儘管就職後，也有些公司會提供培訓，但對某些人來說，「活到老學到老」恐怕並非容易理解的道理。

長大之後，為了順利處理人際關係，學習「協調性」與「責任感」的機會，遠比孩提時期要來得多（畢竟身邊也會有些反面教材）。而「自我肯定」，也是此時需要掌握的重要課題。能大聲說出「我盡力了」，或體認到自己繼承了無數先祖的生命，都是肯定自我的重要元素。

唯有親身實踐，方能體會「肯做就會改變，肯做就會明白」的道理。本文開頭，面對孩子說「給我一個氣球」時的處理方式，也是我累積經驗後掌握的對策。即使年紀漸長，還是有許多值得學習的事情。

074

克服與重要之人的離別

　　我住在東京東邊的一間寺院，距成田機場約四十分鐘車程，曾經歷無數次接機與送機。迎接歸人是件愉快的事，我會帶著期待久別重逢的心，前往約定的地點。在回程路上，當然也會格外開心地互相報告近況：「這幾天過得怎麼樣？你不在的這段期間，我⋯⋯」

　　然而，送人遠行時，心境就大大不同了，尤其回程時，思緒格外紊亂。被送行的人，此刻不是已經在飛機上，就是在欣賞窗外的景色。只有自己留在原來的日常生活中，彷彿被對方拋棄。

　　下了離寺院最近的交流道後，我會提醒自己「我在這裡還有想做及該做的事」，讓思緒從情感的世界回到現實。於是這個交流道，便成了我送朋友出國搭機後，切換心情的開關。

　　這種只有自己被拋下的感情，來寺院的長輩們也常提起：「手足和同窗都一一離去，真是寂寞。」我會安慰他們：「感到寂寞是當然的。不過，他們從這個世界離去，不就代表在另一個

世界等待著你的人變多了嗎？雖然不會催促你『趕快過來』，但是他們會成為那邊某間時尚餐廳或別致居酒屋的常客，等著為你帶路。」

　　這並不是隨口的安慰之詞，是我內心真正的想法。在另一個世界中，有許多先我們一步離去的人。我想像著自己嚥下最後一口氣，花了四十九天到達那個世界之後，得知這個消息的老朋友，會成群結隊地迎接我。到時候，我想向他們報告：「大家走了之後，我是這樣生活、這樣走過來的喔。」（我曾經對一個來寺院偷香油錢的老頭提這件事，但他似乎並不打算懷抱這麼浪漫的念頭，依舊常常來偷錢。）

　　重要之人離世，就像是想與他們一起實現某事的夢想被斬斷了一樣。我們不得不放下這些想像，獨自前行。無奈的是，光靠著浪漫的想法，根本就無法克服寂寞。為了應對、承受，現在就應該開始有所準備及覺悟。

075

聰明生活的人不會說出的話

對在寺院工作的人來說，傾聽來訪者說話是很重要的工作。某次於密藏院舉辦「話說寺子屋」講座時，我問了在本書中出現過好幾次的村上主播：「成為一個稱職的聆聽者有什麼訣竅嗎？」真不愧是資深主播，他立刻回答：「最大的訣竅，就是時時保持『第一次』的心態。」

看我露出不解的表情，他接著解釋：「有人邀你去旅行時，如果回答『五年前去過了』、『十年前去過了』，話題就會隨之結束。但別提季節及同行者都不同，每次經歷也不可能完全一樣。這種人的心就像吸滿汙水的海綿，不管泡在多乾淨的水裡都無法改變。所以，我們要讓心中的海綿始終保持乾燥，這就是所謂『第一次』的心態，也是成為稱職聆聽者的不二法門。」

聽完之後，我深深地嘆了一口氣，覺得自己的心就像是一塊髒海綿。我深信，懂得聆聽的訣竅，就是聰明生活的訣竅，因此從那時起，我便持續把這個故事分享給眾人。

在分享的過程中，我還發現了一件事：**心中的海綿開始囤積汙水的表徵，是「無聊」和「反正」。要是經常脫口說出這兩個詞，可就要小心了。**

大家都很清楚，把「無聊」當作口頭禪的人，其實才是最乏味的，因為他們只不過是缺少發現有趣事物的能力罷了。而說出「反正」的人，則是嘗試前就自作主張下結論的人。他們會說「反正做了也不會被感謝」、「反正做了也沒用」、「反正沒人會理解」，從自己為數不多的經驗中擅自歸納出結果。

發現這一點後，每當我快脫口說出「無聊」時，就會在「無」字煞車；快說出「反正」時，則將「正」字吞入腹中。多虧如此，現在我整個肚子，都被「聊」、「正」二字塞滿了。

076

不吝分享失敗的經驗

直到三十多歲時，我都一直覺得「心靈脆弱」這個詞是為自己量身打造的。只要受批評或因失敗被指責，我就會極度沮喪，彷彿從金字塔的巨大石階上跌落，久久無法抬頭。

現在回想起來，這也是理所當然的反應。付出努力並期待他人給予好評時，若是遭到批判，難免會迷茫：「什麼？你不稱讚我嗎？到底是哪裡出了問題？」

從小我就被教導要成為一個人見人愛、不闖禍的人。就學時，努力考取好成績以免讓人失望；工作後，則一直為了被期待取得的成果而奮鬥著。但是，卻從未有人教導過我如何面對批評或失敗。事到如今，雖不想說出「養不教，父之過」或「子不學，非所宜」這種話，但我相信，**年老時與其自誇成就，不如分享失敗經歷，這樣才能讓聽者得到勇氣，面對人生。**

〈ぼけたらあかん、長生きしなはれ（暫譯：不要糊塗，長命百歲）〉這篇作者不詳的文章開頭寫道：「人要是上了年紀，

就別出風頭。別口出惡言，事事抱怨，也別在背後說人壞話，要多稱讚別人。就算想回答對方的問題，知道答案也要裝作不知，一直當個笨蛋。」[2]

其中「知道也要裝作不知」這句話，我不太認同。知道的話就應該告訴別人，因為有些事情自力摸索可能需要五年，但若能得到寶貴建議，也許三個月就可掌握。尤其是面對批評或失敗的方式，即使僅對某個人有效，有時仍能讓人受益匪淺。

當我們無法理解別人為何如此批評時，或許可以試著轉念，想「那人以利益為本，我以誠信為基礎」。只要認知到兩人的立場不同，沮喪的程度就會減輕。若因失敗而給別人帶來困擾，那就好好向對方道歉（是否被接受是另一回事），思考如何彌補，並且告訴對方會改進。

應對失敗的方法，就是這麼簡單。若能不吝分享，那些因此挫折不已的人，就能夠抬起頭來，鼓起勇氣、重新出發。

---

2 原文「年を取ったら出しゃばらず　憎まれ口に泣き言に　人の陰口　愚痴言わず　他人のことは褒めなはれ　聞かれりゃ教えてあげてでも　知ってることでも知らんふり　いつでもアホでいるこっちゃ」。

077

活出美好人生的三個方法

　　本書曾多次提及，佛教旨在教導人們成為一個無論何時、遇到何種情況，都能保持內心平靜的人。內心平靜的狀態稱為「悟道」，能達到這種境界的人則稱為「佛」，而供奉祖先、祈禱、打坐，都是悟道成佛的方法之一。達到平靜境界的前提，是內心必須先經歷波動。**因為「再也不想經歷那種痛苦」的想法，會成為追求悟道的原動力。**

　　說得極端一點，這種想法能讓我們在年歲增長的過程中，一邊尋求改進的對策，因此，「變老」也可以視為讓心靈平靜的方式。當我邁向五十歲時，想著人生已過半，為了餘生能淡然度過，決定不時重新確認幾件事。

　　首先，基於自己及他人的失敗經驗，對別人的過失保持寬容之心。不對犯錯的人大聲怒罵「為什麼你會這麼傻」，而是保持「是啊，人非聖賢，孰能無過。這會成為一個好經驗」的態度，寬容以對。

第二，不隨便抱怨做法與自己不同的人。前篇提過，每個人都有自己的做法，也都以各自的方法走到今日，並對此充滿自信，因此在面對不同的方法時，很難保持沉默。然而，在我們找到自己的做法之前，難免經歷許多錯誤，何況自己的做法也未必是唯一正解，說不定有更好的、更適合那個人的方法。因此在面對不同做法時，也應保持寬容的態度。

　　第三，知道自己並非孤單一人。我們生命中所繼承的，除了父母的生命之外，甚至可以追溯到更久遠以前的無數祖先的血脈。今日所接觸到的空氣和水，也早在我們誕生之前，就已經存在於地球上，循環相生。因此，我們並不孤獨。

　　另一方面，或許表面上看不出來，也可能根本不會被感謝，但我們確實對某些事情做出了貢獻。此外，還有要對死後的世界抱持浪漫的想法……只要明白這些，就能活出美好的人生。

078

自己是自己，別人是別人

在這個世界上，有許多我們無法擅自決定，必須先徵詢他人意見，得到許可後才能執行的事情。年紀還小時，買遊戲、去音樂祭、奇裝異服，都需要父母同意；結婚後，舉凡辭職、增加零用錢、參加聚會等，也需要伴侶應允。

為了獲得許可，必須說明理由。有些理由難免無法讓對方滿意，這種時候，我們可能會說「大家都在做」、「大家都會去」、「大家都有」，試圖用多數派理論說服對方，不僅自己，其他人也會這樣做。然而，此處的「大家」頂多只有三個人，但我們當然不會明說。

此情況下，對方通常會回：「別人是別人，你是你吧。」另一方面，當我們想去做一些沒人做過的事時，對方又會採完全相反的態度：「根本就沒有人這麼做吧。」

小時候，我曾在一天內聽到家母說出以上兩種說法。需要依賴母親庇護才能生活的我，察覺到其話語的矛盾，對此深感不

滿。「大人若無其事說出互相牴觸的話，只不過是想讓孩子按照自己的意願行事罷了。」然而，在年過五十歲的某天，我突然意識到，母親其實並不矛盾。她只是忘了補充。

「沒有人這麼做」背後的意思，並不是因為沒有人這樣做，所以你也不應該這麼做，而是在提醒**「沒人這樣做一定有理由，你要好好想一想」**。

同樣地，「別人是別人，你是你吧」也並非在否定別人的重要性，而是告訴你**「不要盲目聽從最多三個人的『大家』的意見，要有自己的想法」**。

俗話說得好，「父母之言，句句是金」、「薑是老的辣」，這些都是令人醍醐灌頂的真知灼見。

079

寫一本自己的「身心使用手冊」

　　即使身體狀況不佳，精神也不夠振奮，只要能維持「普通」的中立狀態，日日都是好日。然而，生活也未必總是一帆風順。只要稍微劇烈運動，過沒多久就會開始肌肉痠痛；熬夜打電動或滑手機，第二天便頭昏腦脹；過度飲酒，隔天的宿醉讓人痛不欲生，這輩子再也不想喝酒（自從知道害喜就像嚴重宿醉好幾天之後，我對孕婦充滿無限敬意）。

　　就像經歷過喉嚨痛和發燒後，就會明白該在真正感冒之前趕快治療；只要我們長期以自己的身體進行實驗，就能慢慢寫出一本「身心使用手冊」。

　　我對心靈發出的危險信號（以使用手冊比喻，就是注意事項）非常敏感。說話聲音低沉，是失去活力的紅燈；無法說出「早安！」，只能有氣無力地發出「早……」，是心靈出現皺紋的初期症狀；能說出「早安！」，但無法露出笑容的話，則恐怕是懶散及惰性的病兆。

一天之內說了兩次「反正」或「無聊」，是心靈海綿吸滿泥水的證據。海綿一旦變得汙濁，無論泡在多清澈的水裡都無法變乾淨，所以即使沒有親自確認，還是會不由自主說出「反正」；不符合自己的喜好，便隨意說出「無聊」。此外，抱怨變多，是對所做之事的回報期待過高；自吹自擂，顯示心靈枯竭，僅能一味渴望更多人認可自己；心生嫉妒，則代表只能藉由與他人的比較，來確認自己可悲的慘狀。

這些注意事項是我花費多年，慢慢記錄在自己「身心使用手冊」裡的內容。大家也請在身心崩壞之前，先寫好使用手冊吧。

080

懂得感恩的人總是心情愉快

　　前篇提到，心情並非很雀躍也無妨，只要不煩躁，保持中立、普通的狀態就好。這一篇，則談談如何保持愉快的心。

　　佛教說的「煩惱」，是指阻礙悟道的心態。悟道是「無論何時、發生何事，內心都能保持平靜的狀態」；煩惱則是「讓人無法平靜的心情」。

　　「喜歡一個人」這件事本身並不是煩惱。如果我們只覺得「這個人很棒」，內心能保持平靜，那就沒問題。然而，當戀慕變成愛情，心中油生了「不想被別人奪走」、「希望對方只屬於自己」的想法，無法保持平靜的話，愛就化作了煩惱。不過，即使是煩惱、貪婪或私利私欲，只要願意接受內心無法平靜的事實，沉溺於愛情之中，也不失為一種生活方式。

　　有種煩惱稱為「掉舉」。「掉」意為「舉起、懸掛、搖動」，「舉」意為「升起」，掉舉則指「心浮氣躁、輕率騷動，內心無法平靜」。

有些人會將掉舉和愉悅混為一談，但兩者完全不同。心浮氣躁時，無法留心周圍的事物，就像興奮的孩子從遊樂園的停車場向大門跑去時，因為沒注意到小石頭而絆倒那樣。因浮躁而看不見周遭的石頭，也無法察覺旁人是否困擾。

　　保持內心平靜而愉快的秘訣，在於心懷感謝、感激與感恩。「我付了水費沒錯，但轉開水龍頭就能喝到水真的太感恩」、「就算是抱怨也好，有人和我說話就很感激了」、「人生能經歷這麼多事物，感謝我活著，也感謝賜予我生命的父母」……再微不足道的事，只要對其抱持謝意，就能內心平靜、心情愉快。

　　隨著年紀漸長，希望自己能留意到更多值得感恩之事，隨時隨地都優雅愉悅。

小小的改善

5

體會當下幸福的小小改善

081

準備好能安心依靠的「拐杖」

　　密藏院在奇數月其中一個週日的下午四點，會舉辦約六十分鐘，名為「法話之辻」的活動，讓大家找出佛道與生活的交會之處。活動單元包括深入了解佛陀的「佛陀點滴」、傳達佛教教義的「佛道步步」，以及參與型工作坊的「讓我們挑戰吧」。

　　我曾在工作坊中問大家：「對你來說，『只要有這個就能夠活下去』的事物是什麼？不包括隨時可能消失的金錢、健康和食物。」十幾位參加者聽到附加條件後都愣住了，倒抽一口氣，並抱著手臂開始思考。當然，這個問題並沒有正確答案。這是一個藉由聽取及參考他人觀點，改善生活方式的活動。

　　大多數的人都回答「家人」，其次是「朋友」。廣義視之，應指能理解自己、互相幫助的人。也有一些年輕人回答「漫畫的續集」或「遊戲」，如果有更多年輕人參加，說不定還會有人回答「手機」呢。我調皮地補充道：「家人和朋友也可能會隨時消失喔。」

被自己視作「只要有這個就沒問題」的人事物，就如同人生道路上的拐杖。把金錢和健康當作拐杖的人，大概正是明白它們可能隨時折斷，才會將家人和朋友當作備用的拐杖。但，即使是備用拐杖，也不知何時會折損。這樣一來，在路上行走，就會變得困難。要是緊緊抓住已經折斷變短，名為金錢或健康的拐杖不放，恐怕就只能步履蹣跚地向前。

　　所以，我為各位準備了幾根一旦握住就不會折斷的拐杖，包括享受變化的心、自由自在的思考方式、懂得感恩的心、相信死亡不是終點的心、承認不懂的勇氣、不以自己方便為主的心，以及相信自己不是被他人，而是被天地自然所肯定的力量。

　　你現在依靠著的拐杖是什麼？那根拐杖會斷損嗎？是否為自己也準備了不會折斷的拐杖呢？

082

明白真相後，積極地放棄

　　如果只把「放棄」這個詞理解為無可奈何、中途退卻，就太可惜了。

　　「四諦」簡潔地表達了釋迦牟尼領悟的真理，包括苦、集、滅、道。苦是「因事情不如己願，所以無法平靜」；集是「因許多事真相不明，所以苦痛油然而生」；滅是「只要真相明朗，苦痛就會消失」；故人世才有了「佛教」這個道。佛教說的「諦」，並非指中途挫敗[1]，而如辭典所述，是「經過多方觀察，確定事物的真相」。

　　在日語中，代表放棄的「諦める」，和使事物真相大白的「明らめる」字源相同。只要黎明到來、太陽升起，物體的形狀就會變得清晰，**因此，我們想放棄某事時，必須先查明真相才行。如果不明所以，就無法放棄。**

　　當你不理解某人為何生氣，視線便無法離開那人。此時，冷靜的人會告訴你：「因為事情不如他意。」明白對方發怒的原

因之後，你會想：「是喔，那就沒辦法了。」萌生小小的放棄意念，不將這件事掛在心上。

　　「上司不認同我。」「可能是因為你工作怠惰。」「我已經很努力了，他還是不願認同。」「是因為你不尊重上司嗎？」「不，我尊重他，但他依舊如故。」「那就是你缺乏誠意了。」「我不覺得我缺乏誠意。」「如果誠意夠還不被認同，那就是因為業績不好。」「不，我業績還可以。」「那就是你這個人缺乏魅力。」──這樣的道理，曾於《荀子》中出現[2]。

　　若想積極放棄、釋懷某事，就要像解謎一樣，慢慢磨練出闡明真相的能力。

---

1 此說是因日文中之「放棄」，漢字作「諦める」，與四諦之諦同字。
2 《荀子》〈臣道〉：「事人而不順者，不疾者也；疾而不順者，不敬者也；敬而不順者，不忠者也；忠而不順者，無功者也；有功而不順者，無德者也。」

083

不要多想，先做再說

做什麼工作、與誰結婚等等，人生總會面臨許多重大抉擇。

以工作而言，有些人可能不會優先考慮收入，而是做自己想做的事；有些人則偏好高收入的熱門職業，或看似有前途的公司，選擇隨著設定的目標不同而改變。我當初為了能早日與現在的妻子結婚，所以選擇了（那時認為）經濟基礎較穩定的寺院職員，無可奈何地成了一名僧侶。對二十五歲的我來說，與心愛的人結婚是最重要的，工作倒是其次，甚至其三。不過，多虧成家立業之後看盡人生百態，現在的我能大聲地說：「僧侶不是職業，是一種生活方式。」

結婚對象也是一個重要的決定。曾經有一位外貌媲美模特兒的女同學找我聊天：「我想和現在的男朋友結婚，但又聽說『最好和第二喜歡的人結婚，因為和最喜歡的人結婚的話，萬一哪天變得討厭他，身邊就沒人可選了』。」當時，我還得意忘形地在心裡想：「難不成妳第二喜歡的人是我嗎？」

像工作或結婚這種人生的重要轉捩點，即使是當時鐵了心做的決定，日後還是可以改變，選擇轉職、離婚或再婚。然而有時我們也會面臨幾乎無法挽回的局面，不得不考慮是否該繼續堅持下去。

　　做決斷時的關鍵，誠如在前篇中所提[3]，在於「是否發自內心」。如果是覺悟後的決定，就不會後悔。我認為密教的不動明王象徵「決斷後才行動」的原則，因此每當必須做出選擇時，就會在不動明王前合掌祈禱，過了一段時間之後，心中自然會出現「做」或「不做」的答案。也可以說，不動明王是幫助我找出內心答案的開關。

　　很多事情要做了才明白。只要行動，就會改變。將自己領悟到的和經歷過的改變作為養分，日復一日地生活下去——這就是我們要有的覺悟。要是沒有覺悟地度過人生，回頭看時，過往足跡恐怕會淺到看不清。唯有懷著覺悟前行，才能在自己走過的路上，留下永不抹滅的痕跡。

---

3 詳參第三章〈跟隨從心靈深處湧現的答案〉（第116頁）。

084

看清事物本質，
練習「不動搖」

　　股價暴跌時，媒體會於證券公司股價顯示板前進行訪談。他們大概是希望呈現投資者慌亂的模樣吧，所以導播才會刻意從中挑選符合其意圖的片段放送。不過，最近卻愈來愈常看到投資者冷靜地回答：「玩股票的人，誰不知道要承擔風險呢？要是擔心，當初就不會投入股市了。」若能如實報導這樣的採訪內容，我便會覺得此節目頗為可信，順手把桌上的花林糖塞進嘴裡，若無其事地回到日常生活中。

　　在今時的媒體和網路中，資訊操作已司空見慣。就算本人沒有意識，但要是對所有情報一一做出反應，恐怕就會被經特定意圖而製作和散佈的資訊影響，心情像是河上的波浪，時喜時憂。「心淺如溪，聲如雷鳴；心深如海，波瀾不驚。」這句話出自古時經典《經集》（Sutta-nipāta）。為瑣事所苦，往往代表心境紊亂，與佛教追求的平靜境界相反。

以機智著稱的一休禪師，往生前曾對弟子們說：「我在這個盒子裡放了一封遺書。如果你們遇到困難，就打開來看。」過了一段時日，寺院陷入存亡危機之中，弟子們日夜討論，都得不出結果。此時，有人提議：「現在就是打開師父留下的盒子的時機。」眾人一致同意，打開盒子後，卻發現裡面只有一張紙條，上面寫著：「順其自然，不要擔心。」既然能做的都做了（這裡指弟子已充分討論），那麼剩下的事情，就只能像漲滿的河水般，隨它去了。這是一休宗純看透人間是非，達觀的一言。

　　想要達到不動搖的境界，需要洞察事物本質。為此，我們或許該經歷對各種事情反應過度，直到能筋疲力盡地說出「算了」為止的過程。

　　如何？要不要用零用錢買張股票，體驗一下心情隨股價波動，時喜時憂的生活呢？

085

別將「幸福」與「金錢」
畫上等號

除非自給自足，否則沒有錢就無法在現今的社會生活——不，要是生了大病，恐怕連活下去都有困難。所以，透過正當手段賺錢並不壞，而且是必要的。

不過切記，**賺來（或得到）的錢只是工具，利用工具來做什麼才是重點。若只知執著於收集工具，最終可能會一事無成。**

有些加盟店的老闆因為人手不足，不得不親自到店裡工作，幾乎沒有休息，因此累倒生病，甚至失去性命。一對經營者夫婦的寶貝兒子就因過勞而喪命，因此他們感慨地說：「現在回想，成為老闆之前雖然沒有錢，但起碼是幸福的。」這句話深深刺痛了我的心。幸福，是不能與金錢畫上等號的。

寺院經常會接到金融機構或證券公司的推銷電話。我回覆對錢沒興趣，斷然拒絕增加財富的提議後，對方通常會繼續追問：「您不認為有錢會更好嗎？」畢竟業務沒做到這地步是不行的。

於是我回答：「身為僧侶，我看過許多人為了給後代留下財產而辛苦一輩子，但去世之後，家人卻因為遺產繼承問題而決裂。所以，我完全不認為『有錢比沒錢好』。說到底，你也不希望由熱衷於股市的僧侶來主持父母的葬禮吧。請不要讓我變成那樣的和尚。」對方聽到這種不在業務推銷手冊上的回答，通常都接不下去了。

　　我們不該把幸福都寄託在「充其量不過是個工具」的金錢上。再次強調，重要的是要如何善用工具來實現目標（當然，也可以先存錢再尋找目標）。

　　我認為那些不被金錢所左右的人，在花錢時，往往也會露出和收到錢時一樣喜悅的表情。因為花錢的時候，也正是實現目標的時候，心情自然會變得快樂。

　　你在花錢時，也會露出愉快的表情嗎？

086

創造讓自己受用無窮的話語

密藏院官方網站的首頁上，有個免費的項目，叫「閻魔王籤詩」，只要抽籤，就能得到當日運勢，以及閻魔王的一句話。這個點子是幫我製作網站的公司負責人提議的：「住持，既然您創作了這麼多名言，不如用來做個企畫吧。」

寺院的走廊中，掛著大約一百二十張明信片，上頭畫著可愛的地藏菩薩，並寫著一句小語。每一句話，都是煩惱、受傷、沮喪的時候，能使我重新振作起來的箴言，或是將個人想法濃縮後的精簡短句。我從這些小語中，挑選了一些原創的句子當作籤詩。比如：

「心的天氣，自己決定」——即使因內心正下著雨或陰霾一片，而想尋求他人建議，最後能夠讓你覺得「說得也是」的，還是自己。

「沒有目標，就無法忍耐」——曾經以為忍耐就是壓抑，但有了目標之後，有些事即使需要忍耐也能做到，有些事則不再勉強自己忍耐。這也使我知曉，忍耐並不等同痛苦。

「煩惱與思考是兩回事」——思考是為了積極尋找出口，而煩惱則是從接近出口的地方倒退回去，無法解決問題。

「與其被愛，不如去愛」——想被所有人喜愛並不容易，因為大家都有自己的考量。若問有無被所有人喜愛的訣竅，那就是自己得先去喜愛別人。這是唯一可以透過努力做到的事。

「逆境之草，生命之韌」——這是當我感覺自己正身陷困境時，看見從瓦縫中長出的草，而想到的話。

「心態放寬，路途更寬」——生氣是因為事情不如己願，但這世上不可能事事順心。要是對每件事都反應過度、輕易發火，就會永遠活在怨憤之中。這是我意識到這種生活不可取時，創作的一句話。

曾在人生中跌倒又站起來的我，學會了如何簡潔有力地表達感受。而這些小語，也成了我的寶物。大家也可以用自己的方式創作喜歡的話語，讓它們成為自己的寶物。

087

面對孤獨，
從積累小小的成功體驗開始

有些人會認為孤獨等於寂寞，然而，這其實是兩回事。

許多人即使處於孤獨之中，依然不會感到寂寞，例如專心工作的職人，雖然孤獨，心靈卻非常充實。僧侶的修行也是孤獨的，畢竟修行本非該雀躍地與同伴一起進行的事，若是如此，心會浮躁散亂，情緒因受干擾而不平靜，也難以深入探究影響的根源，最終無法感受到自我內心的佛性。

覺得孤獨等於寂寞的人，自我肯定感往往較低（我也是某次感到孤獨時才意識到這一點），害怕不被周圍認可、覺得自己的存在微不足道，甚至擔心會像透明人般消失無蹤。因此，他們透過長時間使用社群媒體及上傳合照，來尋求安全感。如今，外出時一定會與人聯繫、結伴同行的年輕人也變多了。

如果純粹為了尋求樂趣並與他人分享，聯繫並無不妥。但，若是為了逃避寂寞所帶來的恐懼，那就該建立起能獨處的自信，否則這輩子都只能依賴他人而活。

佛教認為，人因被天地自然認可，才擁有了這條生命，且身上還潛藏解決問題的能力，這些都值得我們大力肯定自己的存在。不過在現實中，想要堂堂正正地面對孤獨，需要積累小小的成功體驗。

無數名為「一個人也能做到」的塵埃，一旦堆積起來，就能形成如同崇山峻嶺的自我。因此大人會鼓勵孩子「你做得到」、「試著做到最後看看」，並在孩子成功時稱讚他們「你看，你做到了耶」。在這樣溫暖的關懷中長大的孩子，通常會變得非常有自信。相反地，那些一直遭到否定的孩子，非但無法肯定自己，反而還會一直追逐他人的認同。

就讓我們重視生活中小小的成功，慢慢建立自我認可吧。

當下的自我，
便是真正的自我

　　十幾歲的時候，不清楚自己適合做什麼；二十幾歲的時候，茫然不知如何展現自我；三十幾歲的時候，總探問什麼才是自己的天職。每當以為找到方向，跨步前進時，不是在那裡遇到障礙，就是在這裡走到死路。就這樣來回尋覓，另找他道，或走回原處……我覺得自己人生的大半，都耗費在「自我探索」上了。

　　當然，這些時間並沒有白白浪費，因為我理解了上天並未為我指派特定天職，相對地，也沒有不適合我的工作。

　　《般若波羅蜜多心經》是一部短經書，僅約二百七十字，旨在闡述萬物皆為因緣（條件）的集合體。因緣不斷變化，所以萬物亦無不變的實體，也就是「空」的觀念。不要執著，要擁有平靜的心，就是此經書想告訴世人的真理。

　　經文中有一句「無智亦無得」，意思是「既無智慧，也無從獲得」，原因在於「以無所得故」，即「因為沒有所得」。雖然這是一部傳授智慧、體悟「空」之境界的經文，但它卻指出了使

讀者訝異不已的事——智慧並沒有不變的實體，且即使它真的存在，我們也無法真正得到它，因為試圖獲得智慧的我們，本身也在不斷變化。

人會在經歷中改變想法。即使現在自認找到了「自我」，之後也可能會因為時代和個人觀念的變化，發現「這不是我想要的」。由於「自我」時刻改變，所以一直重複做著同樣的事，將會漸漸無法展現個性。就連「天職」，也不過只是此刻因緣集合而產生的「暫時性天職」。

我們只能活在由各種因果交織的「當下」。即使試圖尋找不斷變化的自我，它也會在被發現的那一瞬間改變型態，悄然逃離。明知如此，卻仍在四處追逐它的蹤影中度過一生，固然也是一種活法；但**只要我們能記住「正在尋找的自己」就是「現在的自己」，並全力以赴地度過此生，就已足矣**。

089

整合認同，發現第三自我

我在前一篇提到，即使是當下真正的自我，也會隨時改變。接下來，讓我們談談另一個青春的關鍵詞——「自我認同」。

探索「自我認同」並非青少年的課題，即使過了青春期，還是有人持續追求。若想知道自己的本色，只要問了解你的人：「從你的角度來看，什麼時候我最像我自己？」我想他們應該很快就會給你答案。

「當你認真對待每一件事時。」「草草了事時。」「明明就是自己的錯，卻總是試圖辯解時。」聽到這樣的評價，你可能會想：「這不是我的自我認同，是我的個性。」但若重視這些反響，一定會找到更好的生活方式。

「自己眼中的我」是第一自我，「他人眼中的我」則是第二自我。例如，向別人說「別看我這樣，其實我很神經質的」是第一自我。不過，當你將「我很神經質」掛在嘴上，而希望別人多費心思顧慮你時，周圍的人卻會覺得你其實很遲鈍，這就是第二

自我。第一自我和第二自我之間，通常會有很大的差距，而受社會認知的，往往是第二自我。不管你如何強調自己很神經質，周遭也未必會這麼看待，反而在不經意做出某種舉動時，大家還會說「他都這樣啊」。

參考他人對第二自我的看法，重新整合認同後，你會發現第三自我——「原來我其實這麼遲鈍啊，要注意了」。過程中，你甚至會慢慢忘記第一自我，並最終活出真正的自己。

在探索自我認同時，不妨思考一下自己想成為什麼樣的人。我們的追求目標，不是想從事的職業，而是為了從事那個職業，所應具備的特質。只要朝這個方向前進，定能自然地展現出自我特質。

090

投身於「偶然」之中

在小學演講時，大約會有百分之五的孩子無法專心聽我說話。這不是因為他們缺乏注意力，而是他們似乎害怕沉浸在故事之中，忘卻自我。

例如，當我開始說「一位武士來到寺院，想要詢問關於極樂世界和地獄的事」這個故事時，有個孩子會問左右兩邊的同學：「那位『武士』是誰？是宮本武藏嗎？」以此展示他不會被故事吸引，而是能保持距離，冷靜聆聽。

在學校的戲劇表演中，如果有孩子扮演死去的人，他們可能會說：「啊，他死了，可是心臟還在跳，還在呼吸呢！」以此吸引周圍的注意。或者，當扮演國王的孩子發出「咳咳」的聲音時，他們會說：「現在沒有人說話還會這樣咳了。」表現自己的客觀，拒絕成為享受劇情的觀眾。

兒童心理學專家曾經指出，這樣的孩子雖然頭腦非常靈活，但卻處於尚未奠定自我的狀態之中。他們缺乏接受不同事物的勇

氣，擔心自己一旦沉浸於某件事，就會失去自我，所以轉移心思，以保護自己。

這種心理似乎也常見於大人身上，我將之與「必然」連接。有些大人會熱烈地說道「這是必然的」、「那次相遇是必然的」，不過，他們只把對自己有利的事稱作「必然」，如果過馬路時遇到紅燈，或因某家餐廳客滿而換去另外一家，他們就不會這麼說；但如果紅燈讓他們避開了一場車禍，就會說：「紅燈出現是必然的。」若原本想去的餐廳發生食物中毒，則會說：「去另一家店是必然的。」

這種想法其實很狡猾，因為這反應了他們缺乏接受偶然及失去自我的勇氣，且逃避於尋找「上天安排」般的浪漫解釋。

許多事情都是偶然的結果，是各種緣分碰巧聚集的產物。如果我們有勇氣享受並感謝這些偶然，那就不需要訴諸於必然、命運或神明。這是一種確立自我的證明。

不管是今天、明天，還是大後天，那些能幫助我們奠定「自我」的偶然機會就如同繁星，會不停地環繞在我們身邊。

091

迷惘時，不妨試著
將思考「簡單化」

　　每當遇到大大小小的阻礙時，我就會想起迷宮與老鼠的實驗。聽說這也稱為「迷宮學習」，實驗目的是研究老鼠如何找到出口或食物，並將其應用在人類的學習上。

　　人生好比一個錯綜複雜的迷宮，當我們「這樣行不通，那樣也行不通」，遇到死路時，會像迷宮中的老鼠一樣，第一個想法是回頭，試圖從經驗中找出解決方法，再找尋另一條路（或是方法、想法）。因為不管站在原地想多久，事情都不會有所進展。

　　在此與大家分享一些我浪費不少時間停滯不前之後，才找到的簡單應對方法，希望能幫助大家不再重蹈我的覆轍。

　　佛陀說的「過去已滅，未來未至」，是一個非常簡單的教誨。既然木已成舟，再怎麼懊悔「早知如此，何必當初」，也無濟於事；既然未來還沒到來，杞人憂天也徒勞無功。我們無法改變事實，卻可以改變對它的看法。當下能做的，就是預測未來、做好準備，只要船到橋頭，一切就會自然直。

不管是家事、煮飯，還是某個職務，都一定要有人去做。如果大家都因為不想做而躲起來，家庭或組織就無法運作。不論出於犧牲精神還是其他理由，總得有人負責。只要盡力而為，剩下的就聽天命吧。畢竟成功與否，只有事後才能知道。

另外，不管看了幾次藥效說明，若是不吃藥，病情就不會好轉。同樣地，即使讀了如本書般的指導文章，如果不付諸行動，也無從期待效果。

像這樣簡單的道理還有很多：萬事隨著因緣變化，若想保持相同狀態，就勢必適應變化；「大家都這麼說」中的「大家」，頂多三個人而已；未來的每一天，我們都不會比今天年輕；人如果沒有目標，就難以做到忍耐；喝酒時老覺得喝不夠，喝完後卻又覺得喝太多；醉酒的人，會顯得愚蠢……

如果你習慣把事情想得複雜，不妨試著讓思考簡化成原來的四分之一，便會輕鬆許多。

092

把討厭的事當作「練習」

我曾做過許多不喜歡的事，比如在房間插花、對完全沒興趣的人講述佛道、全力面對從未經歷過的事、擔任聚會的幹部、打掃房間等等。四十歲之前，我都是勉強自己去做這些事的。換句話說，這四十年來，每當做這些事前，我總想著「好討厭」，做的時候則一直嘟嚷「真不想做」，做完之後還會不停地發牢騷，說「其實我根本不想做」。

四十歲時我才驚覺，自己竟然過得如此悲慘。至今為止累積的不滿和抱怨，像水溢出杯子，如果不採取行動，便會弄濕整張桌子，甚至淹沒房間，把人生弄得一團糟。

於是我開始思考在面對從未做過或不得不做的事情時，不會那麼痛苦的方法。四十歲起的二十年間，我不斷地反思和實踐，最終總結出四個法則。大多數事情都可以用這四種方法中的任何一種應對，如果不管用，換其中另一種應該就能奏效。

第一，「**把做不到的事當作練習**」。沒做過的事，做不好是很正常的，既然如此，那就把它當作練習吧。即使不想做，只要稍微轉念，想著「試過之後可能會發現沒什麼了不起」的話，額頭的皺紋就會少一點。

第二，「**把這些事當作能力測驗**」。把不想做的事情，當作是在考驗自己是否有能力面對並達成。有些獨居的長輩不願意去安養設施，因為他們覺得自己不是幼兒園的小朋友，不想要活到這把年紀，還非得跟別人一起唱童謠或打球不可。但既然自己的人生歷練如此豐富，何不花上一天，試試自己能否逗別人開心，或與他人好好合作呢？只要把從未做過或不想做的事，當作是測試能力的機會就好了，不是嗎？

篇幅有限，這裡先介紹兩種方法，剩下的兩種方法，會在下一篇繼續說明。

093

凡事都以「第一次」看待

接下來，讓我們繼續討論如何改變想法，才不會害怕那些從未嘗試過或不願做的事，並且積極愉快地面對。

第三，「把凡事都當作第一次」。如果能注意到這是初體驗，就會覺得非常新鮮又興奮，心態也會變得更加積極，想「哇，這件事我沒做過，試試看好了」。

即使是不願意做的事，也可以稍微轉個念，想「過去的我可不想做這種事，但若試試看，說不定會發現這根本沒什麼。可能不會，但也可能會」。

我非常重視「第一次」的心態，即使是已做過很多次的事，如散步或洗澡，只要抱著這種心態來做，就不容易陷入惰性之中。「這是我到了這個年紀後第一次這麼做」、「這是我在千禧年後（年號改了後）第一次這麼做」，秉持這種想法，能幫助我保持積極。

第四，「**把這些事當作報恩**」。佛教把人所領受的恩情分為四類：父母、國家（王）、眾生和佛法僧。其中，眾生恩情的範圍最為廣泛。

我們的成長過程深受許多人的影響，如父親的憤怒、母親的淚水、朋友的笑容等，象徵這些影響的是十一面觀音。而不管你有沒有注意到，這一路走來，我們也確實得到無數雙手的支持，象徵這些援手的則是千手觀音。當然，我們的臉和手想必也在鼓勵及支持著他人吧。只要意識到自己領受過的恩情，就不必刻意表現自己，告訴別人「我也為大家做了很多」。把這些事當作報恩，應該就不會得到報應了吧？畢竟報恩是非常有意義的事。

面對使人畏縮的情況時，不妨用這四種方法來試著克服。

094

說出「感受」而非「想法」

　　密藏院本堂每個月會舉辦一次「話說寺子屋」講座，講師是資深播音員村上正行。其中有一項練習，是要求我們立即說出當下的感受。

　　「一個孩子握著蠟筆，全神貫注於在地板的圖畫紙上作畫，已經畫到超出紙的邊界了。此時，你會怎麼想呢？好，你說說看。」村上先生依序指名參加者作答，每個人都迅速地依序回答了自己的感受，如「很可愛」、「等一下打掃會很麻煩」。

　　輪到一位二十多歲的年輕人回答時，他猶豫了一下。村上先生立刻說：「重要的是你當下的感受，以及能否立刻表達出來。所以不要想把話說得更漂亮，也不要擔心剛才是不是有人做了同樣的回答。」之後，村上先生又加了一句很有他風格的話：「別動那些沒用的腦筋，知道嗎？」這與他多年擔任落語家古今亭志生[4]節目的專屬主持人經歷有關。

這段時間彌足珍貴，教我運用心的感性，而非依賴自己的笨腦袋。自此以後，我似乎學會了「索性放棄思考」的方法。

佛教教導我們要有「對無法理解的事保持不明白的勇氣」。比如說，我為什麼會在一九五八年作為男性，以盛雄為父親、薰子為母親出生，並且在兄弟姊妹中排行老三？這是無法解釋，只能接受的事實。而在神無月（十月）聚集於出雲的眾神，為什麼用紅線將我與妻子繫在一起，選擇我們結為連理？也完全無法理解。雖然無法理解所有的原因和過程，但事情就是這樣發生了。

在佛教中，這種情況稱為「不可思議」，意味著不可深思、推敲，也就是停止思考的境界。雖然「思考」這件事本身沒有問題，但若是思考過後仍無法理解的話，我們就會脫口說出「還真是不可思議呀」。這句話可說是終極的停止思考宣言。而且，放棄思考往往是有效的前進方法。

那些總喜歡尋找理由，或常被周遭批評過於理性的人，不妨試著擁有一些「讓不明白的事情就這樣不明白」的勇氣。

---

4 此處指五代目古今亭志生（一八八〇～一九七三年），本名美濃部孝藏，活躍於明治後期至昭和時代的落語家。

095

不如意的事，
都可成為思考的素材

我們每天都會遇到無數讓人忍不住咂舌或眉頭深鎖的不如意之事，例如接踵而至的紅燈、突如其來的雨、手機沒電、桌上的筆掉落……等。讓人不愉快的小事這麼多，如果不好好利用它們，就像空擁有一盒一百六十色的色鉛筆，卻不作畫一樣，白白浪費了寶物。

遇到令我想咂舌的事時，我會先閉上嘴巴，不發出「嘖」的聲音，而是像猜謎一樣，思考如何不咂舌地看待這件事。

遇到紅燈時，我會想到在交叉路口上，有人正因為綠燈而感到高興，所以應該忍耐，這是個將他人喜悅變成自我喜悅的機會。此外，我還會跟自己打賭再過幾秒會變成綠燈。如果誤差在正負五秒內，就會認為「今天是個大吉之日」。

突然下雨時，我會慶幸自己的身體不是糖做的，所以不會溶化。幸好只是下雨，而不是被人潑髒水。或開始思考，這雨水兩週前存在於何處？是海裡還是河裡？是地下還是某人的眼淚？

手機突然沒電時，我會想：「剛才明明還有電，我也沒收發郵件或打電話，但卻一直在耗電，看來它在背後也一直默默地在工作，真是辛苦了。」並且憐惜地撫摸它。接著，我會看著毫無反應的手機，思考這個像大名片夾的盒子（板子？）還能有什麼用途。當作石子來踢、放在胸前的口袋裡防彈，或作為尺來畫線……想像的翅膀由此無限展開。

　　如果筆掉到地上，我會想：「哦！這支筆該不會有生命吧？」然後為了「已經在地上的東西就不會再掉到地上了」而鬆一口氣，並試著感受撿起筆時全身肌肉的動作。

　　所有不如意的事情，都可以成為動腦思考的素材。如果只知咂舌的話，那就太可惜了。

096

時間是最好的解藥

人們曾說過的話，會隨著時間而改變。曾經笑著說「愚蠢的人不死，情況就無法改變」的人，幾年後可能會無奈地說「愚蠢的人就算死了，情況也無法改變」。即使某人說的話和以前不同，我們也不該生氣地破口大罵「你以前不是這樣說的」，因為萬事無常是貫徹始終的真理。

事物都是眾多因緣偶然聚集的結果。因緣不斷變化，所以結果也非恆常，改變是自然而然。所有條件當中，最大的變動因素是時間。名為「時間流逝」的因緣會改變結果，就像剛出爐的吐司會隨著時間的流逝，而乾硬到可以磨成麵包粉一樣。

順便一提，佛教將時間的最小單位稱為「剎那」，一彈指的時間是六十五剎那。剎那會接二連三地從未來降臨、經過現在、積累於過去，此為佛教的時間觀之一。

在無數「剎那穿過當下」的過程中，我們的心並不會保持相同的狀態，而會不斷改變。一個原本想成為萬人迷的人，在積累

人生經歷之後，可能會意識到根本就沒人能做到這種事，因而改變想法，認為不如先讓自己喜歡所有人，這是很常見的事。被信任的人背叛，也是因條件變化而產生的悲傷現象。

　　遇到令人不甘心、悲傷或痛苦的事情時，我會想「半年後要能笑著提起這件事」。不過在那之前，就只能默默接受反覆出現的負面情緒，思考讓心情紊亂的原因，以及如果再發生同樣的事該如何應對，並且希望這樣的過程能改變因緣，讓我可以在日後談論現在覺得不甘、後悔萬分的事。

　　簡單來說，除了主動改變的條件，時間的流逝往往也能成為助力，解決問題。所以，時間是很偉大的。

097

就算自我否定，
也不要自我厭惡

在其他篇中，我曾提到佛教的「自覺無明」⁵——只要意識到「我還差得遠」，就能緊接著邁向下一個階段。

常聽人說宗教很可怕。人們往往會為尋求心靈慰藉而依賴某些事物，一旦相信，視野就會越發狹隘，甚至變得排外且攻擊他人。進入狂熱狀態後，極有可能會走向末日論，認為「我是對的，但社會卻不承認這一點。這樣的世界，遲早會崩潰的」。

但以我看來，宗教的可怕之處，其實遠在使人變得反社會、排外之前——關鍵在於，其以「我還差得遠」的自我否定論為前提。基督教中，人類的祖先亞當和夏娃因為違背了「不可吃知善惡樹上的果實」這個禁令，而讓後代的我們背負「原罪」，這也是自我否定的一種。

否定現在的自我需要極大的勇氣，但若能從根本做到這件事，即使被他人批評「你不行」，也能以「不用你說，我自己也很清楚」的泰然態度應對，從而減少沮喪程度。就算被責問「那

為什麼不努力」，也能坦然地說「我正在以自己的方式努力」。**因為意識到自己還差得遠、否定自我，知道當前的我並非理想的我，所以才能努力朝著理想和目標前進。因此，自我否定並非壞事。並且，就算自我否定，也不代表會陷入自我厭惡。**

有些人會說他們不喜歡自己，我覺得這是因為他們雖然否定了自我，卻不去努力改善。就算發現自己「這方面很糟」，也沒有必要因而討厭自己，相反地，應該要給予察覺到不足之處的自己讚揚，並且從那裡開始慢慢努力，這樣就可以了。

十年後，那些自覺無明（即無知或愚癡）並慢慢改善的人，與自覺無明卻陷入自我厭惡的人，以及連無明都無法自覺就牢騷連連、怨天怨地的人，之間的差距會判若雲泥。**雖然可能無法喜歡有所不足的自己，但應該大大肯定能意識到這一點的自己。**

---

5 詳參第三章〈只要了解「本質」，煩躁就會消失〉（第▲頁）。

098

享受「未完成」的樂趣

三十幾歲時，我曾擔任小女兒的小學家長會會長。直到那時，我才發現自己對從小學到高中都一直參加的「考試」，有極大的誤解。

在小學和國中時期，我考試的目標是得到好成績。如果超過七十分，就會對父母炫耀；如果低於五十分，便假裝這次考試從未發生。

但是，當我聽到一位同為會長的家長在演講中說：「小學考試的目的不在於看孩子能考多高分，而是要孩子明確知道自己哪裡做不到。既然已經知道不懂的地方，接下來只要把它弄懂就好了。」時，才恍然大悟地想：「原來。想想確實是如此。唉，小學的我要是知道這點，或者能有大人跟我這麼說的話，我就能更積極地面對考試結果了。」

當時的我雖然已是僧侶，卻尚未習慣將佛教教義融入日常之中。後來我才明白，那位家長所說的話，其實就是心靈平靜的起點——無明的自覺。

　　許多佛教團體在修行開始時會先懺悔。依我的解釋，大致會是：「我貪求各種事物，為微不足道的事情大發雷霆，愚蠢地試圖讓一切按照自己的願望進行。啊哈哈⋯⋯我還差得遠呢。」

　　正因意識到自己的不足（考試中的錯誤），我們才會有克服它的決心。換句話說，未完成代表仍有事可做，而這才有趣。

　　在享受未完成的樂趣時，我常想起一句話——「做做不到的事，才叫練習」。已經學會的事，不管做多少次都稱不上練習，而是玩樂。當然，即使是已學會的事，不繼續做的話就會忘記，所以也需要維持能力。

　　「未完成」意味著我們還有成長的空間。如何？若是發現自己還有不足之處，要不要相信其中潛藏的可能性，多加努力呢？

099

適應變化，保持平靜

人是一種任性的生物，只要同樣的情況持續一段時間，就會抱怨「每天都一樣，好無聊」，期待變化；然而，當變化真的發生時，又會怨嘆「實在令人難以承受」，渴望穩定。不管追求變化，還是期盼穩定，皆起因於無法滿足於現狀，內心的狀態並不平靜。

佛教為「無論何時何地都想保持平靜」的人而設，因此會觀察事物的真理。如果不去了解或探求真理，就會被自己的錯誤認知困住。其中一個佛教揭示的真理是「一切都是因緣聚集而生，不會永遠保持不變」，也就是「諸行無常」。

認為自己會永遠不變，是錯誤的認知。不變的自我是不存在的，因為「時間流逝」和「經驗積累」等因緣會不停加入，讓身心時刻變化。剛開始看這本書的你，也與現在的你不同了。那些在一成不變的日常中渴求轉機的人，只不過是沒有意識到自己已在改變罷了。

別說季節，外界資訊也無時無刻不變，而我們亦在使用各種方法應對。畢竟人本來就是在適應變化中生活，而這才是保持內心平靜的關鍵。事物具有隨著因緣改變的特性，想追求穩定，就勢必要付出為了維持相同狀態的努力。要保持肌膚年輕，就得在保養品及保健食品上投入大量的時間與金錢。不想讓錢財減少，就只能用多少賺多少。

　　萬事皆無法逃脫「諸行無常」的道理，如果不採取適當的應變措施，就難以保持相同狀態。關鍵就在「適應變化」。無論渴求變化還是穩定，內心都要保持平靜。若想如此，唯一的方法就是適應。既然我們無法脫離這個變化萬千的世界，最好的做法就是「享受變化」。

偏離軌道時，
要「更上一層樓」

有時我們會在旁人的期望或自己的意願之下朝著某條路線前進，卻因各種情況，而不得不偏離軌道。帶著辜負期望、無法貫徹初衷的悔意離開正軌，需要無比勇氣，我們又該如何巧妙應對呢？距今約一千兩百年前，有個人完美地達成了這件事，那就是將密教傳入日本的空海。

空海於西元七七四年出生於讚岐國（現香川縣）某個豪族家庭，是個聰明伶俐的孩子。家人十分期盼他能出人頭地、為家族爭光，因此送他進入京都的大學。當時的大學是培養貴族成為高級官僚的機構，主要學習儒教，就學年齡限定在十三歲以上、十六歲以下。儘管聰明過人，空海卻無法正式入學，直到十八歲才終於順利就讀。然而沒多久，空海便意識到成為高官非己所願，不過一年便退學了。按現在的說法，就是輟學，脫離正軌。

五年後，二十四歲的空海在被認為是出家宣言書的《三教指歸》中描述了他當時的心境。大意如下：「我明白家人和親戚的

幫助讓我得以進入大學，因此退學是極為不孝的行為，但我希望能盡更大的孝心。一般人的孝順，是以勞苦之力來侍奉父母；偉大的人的孝行，則是施予仁德，全心全意地為天下人服務。」

空海解釋，他之所以偏離正軌，是為了更高遠的目標。當然，他應該從未想過能得到旁人諒解。但是，他為自己找到了理由，而從其之後的成就來看，也確實言行一致。

若想離開正軌，最好的方法就是追求比原來更高的理想，然後實際履行。即便被批評固執，也要努力讓周圍的人認同「那時你的決定並沒有錯，了不起」。

小小的改善

作　　者｜名取芳彦 Hogen Natori
譯　　者｜何姵儀

責任編輯｜杜芳琪 Sana Tu
責任行銷｜鄧雅云 Elsa Deng
封面裝幀｜木木 Lin
版面構成｜譚思敏 Emma Tan
校　　對｜葉怡慧 Carol Yeh

發 行 人｜林隆奮 Frank Lin
社　　長｜蘇國林 Green Su

總 編 輯｜葉怡慧 Carol Yeh
日文主編｜許世璇 Kylie Hsu
行銷經理｜朱韻淑 Vina Ju
業務處長｜吳宗庭 Tim Wu
業務專員｜鍾依娟 Irina Chung
業務秘書｜陳曉琪 Angel Chen
　　　　　莊皓雯 Gia Chuang

發行公司｜悅知文化　精誠資訊股份有限公司
地　　址｜105台北市松山區復興北路99號12樓
專　　線｜(02) 2719-8811
傳　　真｜(02) 2719-7980
網　　址｜http://www.delightpress.com.tw
客服信箱｜cs@delightpress.com.tw
I S B N｜978-626-7537-30-5
初版一刷｜2024年10月
建議售價｜新台幣360元

本書若有缺頁、破損或裝訂錯誤，請寄回更換
Printed in Taiwan

國家圖書館出版品預行編目資料

小小的改善／名取芳彦著；何姵儀譯. -- 初版. -- 臺北市：
悅知文化精誠資訊股份有限公司, 2024.10
　面；　公分
ISBN 978-626-7537-30-5 (平裝)

1.CST: 自我實現 2.CST: 生活指導

177.2　　　　　　　　　　　　　　　113014210

建議分類｜心理勵志

CHIISANAKAIZEN by Hogen Natori
Copyright © Hogen Natori, 2019
All rights reserved.
Original Japanese edition published by Mikasa-Shobo
Publishers Co., Ltd.
This Complex Chinese language edition is published by
arrangement with
Mikasa-Shobo Publishers Co., Ltd., Tokyo in care of
Tuttle-Mori Agency, Inc., Tokyo,
through Future View Technology Ltd., Taipei.

線上讀者問卷 TAKE OUR ONLINE READER SURVEY

每一天中，能讓自己成長的緣分和機會，就和伏見稻荷神社的鳥居數量一樣多，等待我們善加利用。

──────《小小的改善》

請拿出手機掃描以下QRcode或輸入以下網址，即可連結讀者問卷。
關於這本書的任何閱讀心得或建議，
歡迎與我們分享 ☺

https://bit.ly/3ioQ55B